NIVEL

4

COLECCIÓN **LEER EN ESPAÑOL**

La muerte y otras sorpresas

Mario Benedetti

SANTILLANA ESPAÑOL

Universidad de Salamanca

La colección LEER EN ESPAÑOL ha sido concebida, creada y diseñada por el Departamento de Idiomas de Santillana Educación, S. L.

La adaptación de la obra *La muerte y otras sorpresas*, de **Mario Benedetti**, para el Nivel 4 de esta colección, es de **Irene Echevarría Soriano** y **Silvia Courtier**. La obra original consta de 19 cuentos. Este volumen incluye 10 de los mismos, en adaptación enteramente libre.

Edición 1993
Dirección editorial: **Pilar Peña**

Edición 2008
Dirección y coordinación del proyecto: **Aurora Martín de Santa Olalla**
Edición: **Begoña Pego**

Edición 2010
Dirección y coordinación del proyecto: **Aurora Martín de Santa Olalla**
Actividades: **Pepa Alarcón**
Edición: **M.ª Antonia Oliva**

Dirección de arte: **José Crespo**
Proyecto gráfico: **Carrió/Sánchez/Lacasta**
Ilustración: **Jorge Fabián González**
Jefa de proyecto: **Rosa Marín**
Coordinación de ilustración: **Carlos Aguilera**
Jefe de desarrollo de proyecto: **Javier Tejeda**
Desarrollo gráfico: **Rosa Barriga, José Luis García, Raúl de Andrés**
Dirección técnica: **Ángel García**
Coordinación técnica: **Lourdes Román**
Confección y montaje: **Marisa Valbuena, María Delgado, David Redondo**
Cartografía: **José Luis Gil, Belén Hernández, José Manuel Solano**
Corrección: **Gerardo Z. García, Nuria del Peso, Cristina Durán**
Documentación y selección de fotografías: **Mercedes Barcenilla**
Fotografías: EFE/SIPA-PRESS/*La Penna*; HIGHRES PRESS STOCK/AbleStock.com; ISTOCKPHOTO; MATTON-BILD; SERIDEC PHOTOIMAGENES CD; ARCHIVO SANTILLANA
Grabaciones: **Textodirecto**
Impressão e acabamento: **Log&Print Gráfica e Logística S.A.**
Lote: 770792
Código: 12073596

Torrelaguna, 60. 28043 Madrid
En coedición con Ediciones de la Universidad de Salamanca

Dados Internacionais de Catalogação na Publicação (CIP)
(Câmara Brasileira do Livro, SP, Brasil)

Benedetti, Mario —
La muerte y otras sorpresas / Mario Benedetti. — São Paulo : Moderna, 2011. — (Colección leer en español)

1. Ficção uruguaia I. Título. II. Série.

11-11103 CDD-ur863

Índices para catálogo sistemático:
1. Ficção : Literatura uruguaia ur863

ISBN: 978-85-16-07359-6
CP: 161294

SANTILLANA ESPAÑOL
SANTILLANA EDUCAÇÃO LTDA.
Rua Padre Adelino, 758, 3º andar - Belenzinho
São Paulo - SP - Brasil - CEP 03303-904
www.santillanaespanol.com.br
2023

Impresso no Brasil

Nacido en Uruguay, en 1920, Mario Benedetti compaginó desde su juventud la creación literaria con el periodismo y la actividad política. Esta militancia, cada vez más intensa a raíz de sus viajes a Cuba, lo obligó, cuando se produjo el golpe militar de 1973, a exiliarse en Buenos Aires, luego en Cuba, en Mallorca y por fin en Madrid. Solo en 1985, cuando se restauró la democracia, Benedetti pudo volver a Uruguay.

Tratándose de Benedetti, resulta imposible separar la preocupación política y social de la pasión por la literatura. Como él mismo dijo: «Somos realidad y somos palabra. También somos muchas otras cosas, pero quién duda que ser realidad y ser palabra son dos apasionantes maneras de ser hombre».

Su obra abarca casi todos los géneros: poesía, novela, cuento, ensayo, crítica literaria; pero también crónicas humorísticas, crítica de cine y letras para canciones.

En los cuentos de La muerte y otras sorpresas *(1968), de los cuales ofrecemos una selección, en tono confidencial, y casi siempre con humor, Benedetti describe un mundo duro, donde la muerte, el destino, el amor y el paso del tiempo toman un valor especial: el que tienen dentro de un país, una ciudad y un grupo social en concreto: la burguesía montevideana.*

Murió en Monteviedo en 2009.

EL ESPAÑOL DE AMÉRICA

El español que se usa en América no es tan distinto como se suele creer del español empleado en España. Además, el grado de diferencia depende mucho del nivel sociocultural del hablante americano, pudiendo llegar a ser mínimo si este nivel es alto. Por otra parte, el español usado en América no es una lengua uniforme: sufre variaciones según los países e incluso las regiones. Aun así, se observan ciertos rasgos característicos.

RASGOS CARACTERÍSTICOS GENERALES

– A nivel léxico, americanismos, es decir, palabras, acepciones o giros propios de los hispanoamericanos o procedentes de alguna lengua indígena de América.

– En muchos países, uso más frecuente que en España de los diminutivos: *paisito* en vez de *país, palabrita* en vez de *palabra.*

– Pérdida del uso de la segunda persona del plural, reemplazada por la segunda persona de cortesía, que utiliza ***ustedes*** y el verbo en tercera persona: ***ustedes*** *tienen* en lugar de ***vosotros*** *tenéis.*

Este uso tiene como consecuencia la confusión entre familiaridad y cortesía: ***ustedes*** *tienen* es tanto el plural de ***tú*** *tienes* como de ***usted*** *tiene.*

– Seseo, es decir, pérdida de los sonidos correspondientes a *za, ce, ci, zo, zu* a favor de los correspondientes a *sa, se, si, so, su.*

– Aspiración de las «s» finales de palabras: *los Andes* suena a *loh Andeh,* siendo la «h» parecida a una «j» suave.

RASGOS PROPIOS DEL ESPAÑOL DE URUGUAY

A las características generales expuestas se suman las siguientes:

– En relaciones de confianza, en lugar de ***tú*** se usa el pronombre ***vos***, con función de sujeto y después de las preposiciones: ***vos*** *sabés* en vez de ***tú*** *sabes; para* ***vos****, con* ***vos*** en vez de *para* ***ti****,* ***contigo****.*

– En cambio, el pronombre ***te*** sigue cumpliendo las funciones de complemento directo e indirecto: *vos* ***te*** *vestís* en vez de *tú* ***te*** *vistes.*

– Para llamar a la segunda persona se usa la forma *che* y no *vos*: *che, vení y sentate aquí.*

– Los posesivos, sin embargo, se usan como en España: *tu libro, el tuyo.*

– Para los verbos en presente de indicativo y de subjuntivo, las formas utilizadas con *vos* son las de la segunda persona del plural, con pérdida de la «i» en el caso de los verbos en *-ar* y en *-er*, y también de los verbos irregulares: *tomás* en vez de *tomáis, comés* en vez de *coméis*; *contás* en vez de *contáis, tenés* en vez de *tenéis*; *sos* en vez de *sois.*

En el caso de los verbos en *-ir*, la forma verbal no sufre alteración: *vivís.*

En imperativo afirmativo, las formas utilizadas con *vos* también son las de segunda persona del plural, pero, en este caso, con pérdida de la «d» final y acentuación de la última vocal: *tomá* en vez de *tomad, comé* en vez de *comed, salí* en vez de *salid.*

BRASIL
BOLIVIA
PARAGUAY
CORDILLERA DE LOS ANDES
ARGENTINA
Río Paraná
BRASIL
Río Uruguay
Payasandú
URUGUAY
Mendoza
Buenos Aires
Montevideo
Río de la Plata
Río Colorado
OCÉANO ATLÁNTICO
CHILE

LA MUERTE

DEBÉS prepararte para lo peor.

Así, dicha por la voz preocupada y amiga de Octavio, no sólo médico sino, sobre todo, antiguo compañero de colegio, la frase había ido a parar derecha al vientre[1] de Mariano; allí mismo donde sentía el dolor desde hacía cuatro semanas. En aquel momento había intentado parecer tranquilo, había sonreído amargamente y hasta[2] había dicho: «No te preocupes, hace mucho que estoy preparado». Mentira, no lo estaba, no lo había estado nunca. Cuando le había pedido a Octavio, como amigo, toda la verdad, lo había hecho con la secreta esperanza[3] de que su viejo compañero le dijera la verdad, sí; pero él quería oír que su enfermedad tenía solución, no esa frase que prometía muerte. Pero Octavio había hecho exactamente lo que le pedía: como amigo, había pasado con él más de hora y media de su ocupado tiempo, mirándolo una y otra vez; y luego, con los ojos húmedos detrás de los anteojos*, había empezado tímidamente: «Es imposible decirte ahora mismo nada seguro. Antes quiero que te vean otros médicos en el hospital. Debemos

* Los americanismos que aparecen en esta adaptación de *La muerte y otras sorpresas* van señalados en el texto con un asterisco (*) y se recogen en el «Glosario de americanismos» de las páginas 86 y 87.

saber más cosas. Y eso puede tardar un poco. Lo único que podría decirte es que no soy optimista. Has perdido mucho tiempo. No sé cómo no viniste a verme en cuanto sentiste el primer dolor». Y luego lo había preparado para el primer golpe directo: «Puesto que me pedís que, como amigo, te hable claro, te diré que, por las dudas...». Y se había parado, se había quitado los anteojos, y los había limpiado. «Por las dudas ¿qué?», preguntó, con falsa calma. Y ahí se le cayó el cielo encima: «Debés prepararte para lo peor».

De eso hacía nueve días. Después vinieron las visitas al hospital. Había aguantado los pinchazos[4] y el estar ahí enseñando el cuerpo a unos y otros mejor de lo que él mismo se creía capaz. En una sola ocasión, cuando volvió a casa y se encontró solo (Águeda había salido con los chicos, su padre tampoco estaba), había perdido la cabeza. Y allí de pie, delante de la ventana abierta, en su apartamento* bañado por una maravillosa luz de otoño, había llorado como un niño. Esperanza, esperanzas, hay esperanza, hay esperanzas, unas veces en singular, otras veces en plural; Octavio se lo había repetido de cien maneras distintas, con sonrisas, con bromas, con pena, con abrazos, con recuerdos del colegio, con saludos a Águeda, con ojos medio cerrados, con preguntas sobre los chicos. Seguramente sentía haber hablado tan claro y ahora intentaba como podía presentar las cosas de manera más suave. Seguramente. Pero ¿y si había esperanzas? O una sola. Alcanzaba con una esperanza pequeñita, con una esperancita en singular. ¿Y si los médicos del hospital decían al fin que la vida tenía permiso para unos años más? Mariano no pedía mucho: cinco años, mejor diez. Ahora que cruzaba la Plaza de la Independencia para encontrarse con Octavio y conocer la verdad final, sentía que esos singulares y plurales de la esperanza se habían hecho, a pesar de todo, sitio en su corazón. Quizá era porque le dolía bastante menos; claro que para eso eran las medicinas que le había mandado tomar Octavio... Pero mientras se acercaba a la casa de su amigo, se encontraba nerviosísimo. En algún momento sintió las piernas tan débiles que se tuvo que parar; decidió sentarse en un banco de la plaza y esperar a estar más tranquilo. Águeda y Susana. Susana y Águeda. ¿Quién estaba primero? ¿Ni siquiera en este momento era capaz de decidirlo? Águeda era un comprenderse y un no comprenderse ya conocidos; el presente repetido (pero la repetición también era calor, calor y fuerza); los años y años de saberse de memoria; los dos hijos..., los dos hijos. Susana era el esconderse, la sorpresa (pero también la sorpresa empezaba a cambiarse en costumbre); los trozos de vida que él no conocía, sombras y silencios; las peleas y el amor otra vez; el no saberse de memoria sino adivinarse. Águeda y Susana, Susana y Águeda. No podía decidirlo. Y no podía (se estaba dando cuenta de ello en este mismo momento en que debía saludar con la mano a un antiguo compañero de trabajo), sencillamente porque pensaba en ellas como cosas suyas, como partes de Mariano Ojeda, y no como personas con vida propia[5]. Águeda y Susana, Susana y Águeda, eran partes de su cuerpo, tan suyas como ese vientre que lo podía matar. Además estaban Coco y sobre todo Selvita, claro; pero él no quería, no, no quería ahora pensar en los chicos. Se daba cuenta de que en algún momento iba a tener que hacerlo; pero ahora no quería pensar porque entonces sí iba a perder todas sus fuerzas y ni siquiera iba a poder llegar a casa del médico. Allí ya sabía que lo esperaba eso, el dolor de pensar en ellos. La verdad es que también sabía que allí lo iba a hacer de otra manera: que no iba a pensar en sí mismo sino en ellos, o por lo menos más en ellos que en sí mismo; que iba a llorar más por la futura pena de ellos que por su propia pena, ya antigua, de saber que se iba a quedar sin ellos. Sin ellos, bah, sin nadie, sin nada. Sin los hijos, sin la mujer, sin la amante. Pero también sin el sol, este sol; sin esas nubes delgadas, tan poca cosa como el país; sin las costumbres (queridas, dulces, tranquilas, perfectas costumbres) del trabajo en el banco; sin su lenta lectura del diario* en el café, cerca de la ventana; sin las bromas con el mozo*;

sin el mar y sobre todo sin el cielo; sin esta gente siempre apurada*, feliz porque no sabe nada de sí misma y que corre a mentirse; sin el descanso, sin los libros, sin el alcohol; sin el sueño como muerte; sin la vida como despertar; sin la vida, sencillamente.

Ahí llegó al fondo de su pena, y, extrañamente, eso mismo le hizo sentirse más tranquilo. Se puso de pie, sintió sus piernas más seguras, y acabó de cruzar la plaza. Entró en el bar, pidió un café y se lo tomó lentamente. Ya no pensaba en nada. Observó cómo el sol desaparecía en el cielo. Pagó, dejando la propina de siempre, y salió a la calle. Caminó* cuatro cuadras*, cruzó por Río Negro a la derecha y a mitad de cuadra se paró. Subió hasta un quinto piso y llamó a la puerta donde un letrerito decía: Dr. Octavio Massa, Médico.

–Lo que me temía.

Lo que me temía significaba, en esta ocasión, lo peor. Octavio había hablado larga, lentamente. Sin duda había hecho todo lo que podía para parecer tranquilo, para ayudar al amigo, para quitarle el miedo. Pero Mariano lo había oído en silencio, con una extraña sonrisa en los labios que dejó al médico sin saber qué pensar. «No te preocupés. Estoy bien», dijo solamente, cuando Octavio le preguntó, preocupado. «Además –siguió el médico–, vamos a hacer todo lo que sea necesario. Y estoy seguro, entendés, seguro, que una operación[6] sería un éxito. Por otra parte, no es demasiado urgente. Tenemos por lo menos un par de semanas para ponerte fuerte, para prepararte bien, con calma. No te digo que debás alegrarte, Mariano, ni olvidarte, pero tampoco es para asustarse demasiado. Ahora la medicina tiene mejores armas contra...» Etc. Etc. Mariano sintió de repente la necesidad urgente de salir de allí. Oír la verdad le había traído, era increíble, una calma nueva, pero también ganas de estar solo; solo con lo que ahora sabía seguro. Así, mientras Octavio seguía diciendo: «... y además da la casualidad de que soy bastante amigo del médico

La calle era un río cada vez más ancho, de acuerdo, pero ¿por qué las casas de enfrente se hacían más pequeñas hasta dejarlo a él solo, encerrado en su sorpresa?

de tu Banco. Así que no tendrás ningún problema para tomarte el tiempo necesario y...», Mariano sonreía. Y su sonrisa no era amarga, sino (por primera vez en muchos días) de alguna manera, tranquila.

Desde que salió del ascensor y vio la calle, todo le pareció distinto. Era de noche, claro, pero ¿por qué las luces estaban tan lejos? ¿Por qué no entendía, ni quería entender, aquel letrero que bailaba frente a él? La calle era un gran río, sí, pero ¿por qué veía a esas gentes, que pasaban a medio metro de su mano, como en una película; una película en color, pero sin ruidos ni voces casi? La calle era un río cada vez más ancho, de acuerdo, pero ¿por qué las casas de enfrente se hacían más pequeñas hasta dejarlo a él solo, encerrado en su sorpresa? Un río, nada menos que un río, pero ¿por qué los focos[7] de los autos*, que se acercaban rápidamente, se hacían pequeños, más pequeños, hasta parecer manchitas de luz? Sintió de repente que el suelo donde él ponía los pies era como una isla, como una piedra enferma de la que no querían saber nada las otras que tenían buena salud. Le pareció que las cosas se iban, se alejaban locamente de él, como por miedo, pero sin querer decirlo. ¿Cómo no se había dado cuenta antes? De todas maneras, ver cómo se asustaban las cosas y las personas, el suelo y el cielo, lo hacía sentirse extrañamente fuerte. ¿Y esto podía ser la muerte, nada más que esto?, pensó. Sin embargo estaba con vida. Ni Águeda, ni Susana, ni Coco, ni Selvita, ni Octavio, ni su padre, ni el Banco. Sólo ese foco de luz, enorme, es decir, enorme al principio, que venía quién sabe de dónde, no tan enorme después. Estaba bien dejar la isla de piedra. Más pequeño luego. Estaba bien quedarse solo en medio de la calle. Pequeño, más pequeño, sí, una manchita de luz nada más. Aquí mismo. Todos se van, pero no tiene importancia. Eso no importa si el foco, el foquito, se acerca alejándose. Aquí mismo, la manchita de luz, la lucecita, cada vez más lejos y más cerca, a diez kilómetros y también a diez centímetros de unos ojos que nunca más volverán a encenderse.

GANAS DE EMBROMAR*

AL principio no quiso creerlo. Después se convenció, pero lo tomó a broma. El extraño ruidito no podía ser otra cosa: alguien escuchaba sus conversaciones por teléfono. Armando no sabía el motivo, pero estaba seguro. No le divertía especialmente ni le daba miedo tampoco; sencillamente le parecía una tontería. Siempre había creído que la palabra espionaje[8], con su significado importante, oscuro, peligroso, no tenía lugar en un país tan pequeñito como el suyo, sin petróleo[9] ni nada de eso; un paisito que sólo tenía frutas que, por distintas razones, no interesaban al Norte; o lanas y carnes, pero que presentaban un serio problema, porque valía una cosa o la otra, pero no las dos a la vez.

¿Espionaje aquí, en este Uruguay 1965? ¡Vamos! Sin embargo era cierto, alguien escuchaba sus conversaciones telefónicas. Qué ganas de embromar. Después de todo, lo que decía por teléfono no era mucho más importante que lo que escribía en el diario*. Claro que, por teléfono, era menos elegante en su manera de hablar, y hasta[2] llegaba a veces a usar alguna palabra fea. «De fea nada –protestaba siempre Barreiro con entusiasmo–, no te olvidés de que entre estas palabras "vulgares[10]" las hay maravillosas.»

Como el espionaje, al menos en ese sitio, le parecía ridículo, Armando empezó a jugar por teléfono. Cuando lo llamaba Barreiro, que era el único que estaba en el secreto, los dos hacían bromas agresivas contra Estados Unidos, o contra Johnson, o contra la CIA.

–Esperate –decía Barreiro–. No hablés tan rápido. El que escucha no va a poder seguirte. No le da tiempo a escribir. ¿Qué querés? ¿Que el pobre pierda su trabajo?

–¿Cómo? –preguntaba Armando–. ¿Escribir? ¿Pero no es un grabador*...?

–Normalmente sí, pero parece que se calentaba demasiado, que lo tienen roto. Ahora usan un señor. O sea, un aparato que tiene la ventaja de que no se calienta ni se rompe.

–Me gustaría decirle al tipo[11] algo grave. Así se pondrá contento. ¿No te parece?

–¿Hablamos de la sublevación[12], por ejemplo?

–No, che*, es demasiado pronto.

Y cosas así. Después, cuando se veían en el bar, se reían y preparaban la conversación del día siguiente.

–¿Podemos empezar a decir nombres? ¿Te parece?

–¿Falsos?

–Claro. O mejor, dando los nombres de ellos. Por ejemplo, Pedro será Rodríguez Larreta; Aníbal será Aguerrondo; Andrés será Tejera; Juan Carlos será Beltrán.

Sin embargo, unos pocos días después, en medio de una conversación muy normal, ocurrió algo nuevo. Había llamado Maruja. Y hablaba como hablan todas las novias cuando se sienten olvidadas. «Cada vez me querés menos», «Cuánto hace que no me llevás al cine», «Seguro que tu hermano Tito se ocupa más de Celia», y cosas parecidas. Por un momento, él se olvidó del espionaje telefónico.

–Hoy tampoco puedo. Tengo una reunión, ¿sabés?

–¿Para hablar de política? –preguntó ella.

Entonces, en el teléfono se oyó una carraspera[13], luego otras dos. La primera y la tercera largas, la de en medio más corta.

–¿Fuiste vos? –preguntó Maruja.

–Sí –mintió Armando, después de dudar un momento.

Aquellas tres carrasperas eran la primera cosa interesante que le ocurría desde que había empezado la historia del teléfono.

–Bueno –insistió[14] ella–, no me contestaste: ¿es un asunto de política o no?

–No. Es una fiesta, en casa de un compañero que se va a casar dentro de dos días. Su despedida de soltero, vamos.

–Ya me imagino la clase de historias que van a contar –dijo ella con mal humor, y cortó.

A Maruja no le faltaba razón. Celia tenía más suerte con su hermano. Tito era mejor novio; pero es que también era de otro carácter. Un hombre ordenado, tranquilo, organizado en el trabajo y en todo, tan educado siempre. Armando siempre lo había admirado[15]. Celia, en cambio, se burlaba a menudo de tanto orden y a veces, en broma, pedía alguna foto de cuando Tito era un bebé. «Quiero comprobar –decía– si a los seis meses ya usaba corbata.»

A Tito no le interesaba la política. «Todo es demasiado sucio» –decía siempre–. Armando también sabía que todo era demasiado sucio, pero aun así le interesaba la política. Tito, con sus brillantes estudios, con toda la plata* que ganaba, con su apartamento* tan limpio y tan claro, con sus misas todos los domingos, con sus regalitos a la madre, era el gran ejemplo de la familia; el ejemplo que todos daban a Armando desde que los dos iban juntos al colegio.

Armando hacía bromas con Barreiro sobre lo que pasaba con el teléfono, pero nunca hablaba de ello con su hermano. Hacía tiempo que habían tenido la última conversación sobre un asunto político sin importancia y Tito había terminado diciendo, medio enfadado: «No sé cómo podés ir con esa gente. Convencete de que todos son iguales. Todos. Tanto los de derecha, como los de izquierda, como los del centro. Ninguno es limpio». Eso sí, Tito tenía mala opinión de todos por igual. También ahí lo admiraba Armando, porque él no conseguía sentirse tan libre. Hay que ser muy fuerte para quedarse así tan tranquilo, pensaba; y quizá era por eso por lo que Tito se quedaba tan tranquilo, sin protestar, sin sentir odio ni nada.

La carraspera (larga, corta, larga) volvió a aparecer en tres o cuatro ocasiones. ¿Quizá alguien quería avisarle? No lo podía saber. En todo caso, Armando decidió no hablar con nadie de ese asunto. No sólo con Tito o con su padre (después de todo, el viejo* era persona segura), sino tampoco con Barreiro, que era sin duda su mejor amigo.

–Mejor vamos a dejar las bromas por teléfono.

–¿Y eso?

–Sencillamente, me aburrí.

Barreiro las seguía encontrando muy divertidas, pero no insistió.

La noche en que llevaron a Armando a la comisaría, no había habido ningún desorden ni de estudiantes ni de obreros. La ciudad estaba en calma y era uno de esos raros días sin calor, sin frío, sin viento, que los montevideanos conocen sólo muy de vez en cuando durante algún mes de abril. Armando venía por Ciudadela, ya pasada la medianoche, y al llegar a la Plaza, dos tipos se le acercaron y le pidieron la cédula de identidad*. Uno de los hombres observó que no tenía vigencia[16]. Era cierto. Hacía por lo menos seis meses que tenía que haber pedido una nueva. Cuando se lo llevaban, Armando, cansado, pensó que desde luego aquello era un problema; se llamó tonto a sí mismo varias veces por no haber pedido la cédula cuando debía, pero nada más. Ya se arreglará todo, se dijo a sí mismo, sin preocuparse demasiado.

Pero no se arregló. Esa misma noche le hicieron preguntas dos tipos, cada uno a su manera; uno lo hacía con sonrisas y voz amable; el otro, con cara de antipático y palabras vulgares.

–¿Por qué dice tantas tonterías por teléfono? –preguntó el amable, mirándolo entre enfadado y divertido, como se mira al niño que ha hecho alguna broma.

El otro, sin embargo, preguntó directamente:

–¿Quién es Beltrán?

–El Presidente del Consejo[17].

–No deberías jugar conmigo. Quiero saber quién es ése al que vos y el otro llaman Beltrán.

Armando no dijo nada. Ahora le iban a quemar la espalda con cigarrillos encendidos, o aplicarle la picana* eléctrica en los testículos[18]. Esta vez iba en serio. En medio de su preocupación, Armando tuvo bastante humor para decirse que, a lo mejor, el paisito ya era importante, un país con torturas[19] y todo. Por supuesto tenía sus dudas sobre si iba a poder aguantar.

–Era sólo una broma.

–¿Ah, sí? –dijo el bruto–. Pues mirá, esto va en serio.

El puñetazo le dio en toda la nariz. Sintió que algo se le había roto y no pudo parar las lágrimas[20] que llegaban a sus ojos.

–No es nadie –consiguió decir con voz débil–. Pusimos los primeros nombres que nos vinieron a la cabeza, para reírnos de ustedes.

Tenía la camisa toda manchada de sangre. Se pasó el puño cerrado por la nariz y ésta le dolió horriblemente.

–¿Así que se reían de nosotros?

Esta vez el hombre lo golpeó con la mano abierta, pero con más fuerza que antes. El labio se le cortó.

Después vinieron los golpes en la espalda.

–¿Sabés lo que es una picana?

Cada vez que oía al otro decir la palabra, le venía como un dolor en los testículos. «Tengo que ponerlo nervioso para que siga con los golpes –pensó Armando–, así a lo mejor se olvida de lo otro.» No podía pronunciar muchas palabras seguidas, así que, con las pocas fuerzas que le quedaban, dijo: «Idiotas».

El otro recibió la palabrita como lo que era, un golpe en toda la cara, pero enseguida sonrió.

–No creás que soy tan tonto. Todavía sos muy niño. Me acuerdo perfectamente de lo que vos querés que yo me olvide.

–Dejalo –dijo entonces el amable–. Dejalo, parece cierto lo que cuenta.

Por cómo dijo aquello, Armando supo que el hombre había decidido dejarlo tranquilo, que iba a poder marcharse. Pero pronto se quedó sin fuerzas, y se desmayó[21].

De alguna manera, Maruja sacó algo bueno de la desagradable aventura. Y es que ahora estaba todo el día cerca de Armando. Todo el día mirándole las heridas, ocupándose de él, besándolo y haciendo planes. Armando se quejaba más de lo necesario, porque, en el fondo, se sentía bastante cómodo entre esas manos jóvenes. Hasta pensó en casarse pronto, pero enseguida tuvo sus dudas. «Con tantos golpes, debo de haber quedado mal de la cabeza.»

Aquella mano que suavemente pasaba por su cara, de repente, se paró. Armando abrió los ojos y allí estaban todos: el padre, la madre, Barreiro, Tito, Celia.

–¿Cómo hiciste para no hablar? –preguntaba Barreiro, y él volvía a dar la explicación de siempre: que sólo había recibido unos golpes, eso sí, bastante fuertes. Los peores habían sido los de la espalda.

–Aguanté porque no me aplicaron la picana. Si no...

La madre lloraba; hacía tres días que sólo lloraba.

–En el diario –dijo el padre– los compañeros me dijeron que la Asociación[22] va a protestar.

–Mucha protesta, mucha protesta –se enfadó Barreiro–, pero a éste nadie le quita los golpes.

Celia le había puesto sobre el brazo una mano metida en suave guante, y Maruja le besaba la frente. El cuerpo le dolía, pero Armando se sentía casi feliz.

Detrás de Barreiro, estaba Tito, más callado que de costumbre. De repente, Maruja se fijó en él.

–¿Y vos qué decís? ¿Seguís tan tranquilo como siempre?

Tito sonrió antes de responder despacio.

–Siempre le dije a Armandito que la política era una cosa sucia.

Luego carraspeó. Tres veces seguidas. Una larga, una corta, una larga.

TODOS LOS DÍAS SON DOMINGO

Quand on est mort, c'est tous
les jours dimanche[23].
JEAN DOLENT

EL ruido del despertador entra con fuerza en un sueño vacío, en un sueño que sólo era descanso. Cuando Antonio Suárez abre los ojos y consigue ver en el techo las manchas de siempre, todavía no sabe dónde está. En el primer momento le parece que la cama está al revés. Luego, lentamente, la realidad va llegando a él, y una por una las cosas se presentan delante de sus ojos, claras al fin. Sí, está en su habitación, son las once de la mañana, es viernes cuatro.

El sol entra por la ventana y llega hasta la cama. Como todos los días, la pensión[24] organiza su ruido. Doña Vicenta discute con el señor que viene a cobrar el agua porque, según ella, no puede haberse gastado tanta.

–A lo mejor tiene algún aparato que está mal y pierde –dice el hombre.

–Pero para ustedes es plata*, ¿no? –contesta ella, enfadada, ya sin voz casi.

Alguien ha entrado en el cuarto de baño. Le llega el ruido del agua desde el final del pasillo. A esta hora no puede ser otro que Peralta, a quien siempre le ha gustado decir: «En esto, soy como un reloj». Antonio se sienta en la cama y entonces tose. Cuando se quiere levantar, le viene un dolor en el pie derecho y ahí se queda unos minutos. La boca está amarga. El pijama queda sobre la cama.

Hoy no se va a bañar, no tiene ganas. Además se bañó ayer, antes de ir al diario*. Ufa*, cómo le duele el pie. Lo mueve para un lado, para el otro, y lo vuelve a poner en el suelo frío. Por fin se le pasa el dolor. Se pone las zapatillas.

Está desnudo delante del espejo. Durante largos minutos se mira de muy cerca, observando cada parte de su cara. Se pasa los dedos por la nariz, como queriendo dejar la piel[25] más lisa. Entre el jabón verde y el jabón blanco, elige el verde. Enérgica y rápidamente se lava la cara, el cuello, los brazos, sin preocuparse de toda el agua que cae al suelo. Se seca enérgicamente con la toalla y la piel queda roja.

Antes de empezar a vestirse, llena el mate* de yerba* y le echa un poco de agua. Recoge de debajo de la puerta el diario y lo tira sobre la cama. No hace mucho calor, y hay viento, así que cierra la ventana. Deja la cortina a un lado y mira hacia fuera. Por la vereda* de enfrente pasa un cura. Después, un tipo[11] que va corriendo casi. Ahora, una muchachita con la cartera colgando del hombro. Pero en este momento pasa un ómnibus* y la chica desaparece detrás. Qué extraño, por la calle Marmarajá normalmente no pasa ninguno. Después del ómnibus ya no hay más muchacha.

Antonio se sienta sobre la cama y se pone los calcetines, luego los zapatos. Siempre igual. Todas las mañanas se pone los zapatos antes de tiempo. Ahora se manchará la ropa interior y los pantalones. Todas las mañanas se propone hacerlo al revés. Ahora ya es tarde, paciencia. La ropa interior está sobre la silla. En invierno la camiseta le molesta. Por eso es mejor ahora, en otoño; no hace falta camiseta. Pero hoy se pondrá camisa y corbata. Antes de ir al diario, tiene que pasar por el cementerio[26]. Hoy hace cuatro meses.

–Antonio, tiene gente* –dice, desde el patio, doña Vicenta.

Él abre la puerta, que estaba cerrada con llave, y se queda a un lado para dejar entrar a un hombre no muy alto, medio calvo, fuerte.

–¿Qué tal?

El hombre le da la mano y se sienta en una de las dos sillas, la menos dura.

–¿Querés un mate?

–Bueno.

–¿A qué hora te fuiste ayer?

–Me quedé dos horas más. No te podés imaginar cómo estaba aquello.

–Por suerte yo no tuve que quedarme. Estaba cansadísimo.

El hombre toma su mate con ganas.

–Está estupendo –dice, pasándoselo a Antonio–. Vengo de parte de Matilde.

–¿Está bien Matilde?

–Sí, está bien. Dice si querés venir a comer con nosotros el domingo.

Antonio no levanta los ojos del mate.

–Mirá, Marcos, no sé. Todavía no tengo ganas de salir por ahí.

–Tampoco te podés quedar aquí, solo. Es peor.

–Ya sé. Pero todavía no tengo ganas.

Antonio se queda un rato en silencio mirando el vacío.

–Hoy hace cuatro meses.

–Sí.

–Voy a ir al cementerio.

–¿Querés que te acompañe? Tengo tiempo.

–No, gracias.

Marcos cruza la pierna y observa que el zapato no está demasiado limpio.

–Mirá, Antonio, vos dirás que no es cosa mía. Pero lo peor es quedarse solo. Empezás a encerrarte en los recuerdos y no salís de ahí. Qué podés hacer. Vos bien sabés cómo queríamos nosotros a María Esther. Matilde y yo. Vos bien sabés cómo lo sentimos. Ya sé que tu caso no es lo mismo. Era tu mujer, claro. Eso lo entiendo. Pero, Antonio, ¿qué le vas a hacer?

–Mirá, Antonio, vos dirás que no es cosa mía. Pero lo peor es quedarse solo. Empezás a encerrarte en los recuerdos y no salís de ahí.

–Nada. Ya lo sé, y no digo nada.

–Eso es lo malo, que no decís nada.

Antonio se mira las uñas y, con unas tijeritas, se las limpia una por una.

–Es muy difícil acostumbrarse. Son veinte años juntos. Todos los días. Yo hablo poco. Ella también hablaba poco. Además, no tuvimos hijos. Éramos ella y yo, nada más. Del trabajo a casa, y de casa al trabajo. Pero ella y yo juntos. No hablábamos mucho, es verdad, pero qué importancia tenía eso. Una cosa es estar callado y saberla a ella enfrente, callada, y otra muy distinta es estar callado frente a la pared. O frente a su retrato.

Sin querer, Marcos mira hacia el retrato de María Esther, hacia su sonrisa.

–Está igualita.

–Sí, está igualita. Me lo regaló cuando cumplimos quince años de casados.

Por un rato, sólo se escucha el ruido de la yerba, cada vez que el mate se queda sin agua.

–¿Sabés cuál fue mi error? No haber aprendido nada más que mi oficio. No haberme preocupado por tener otro interés en la vida, otra ocupación. Ahora eso me salvaría. Claro que después de un día de linotipo*, no le quedan a nadie fuerzas para hacer mucho. Además, nunca se me pasó por la cabeza que podía quedarme viudo. Ella era muy fuerte. Yo soy quien tuvo siempre mala salud. Sí, la pena es no tener otra ocupación.

–Todavía podés buscar algo.

–No, ahora no tengo ganas de nada.

–Y al fútbol, ¿no vas nunca?

–No iba ni de soltero. Qué querés, no me interesa.

Marcos insiste[14].

–¿Y por qué seguís viviendo en esta pensión?

–Son buena gente. Los conozco desde que era chico. Como comprenderás, no me interesaba quedarme en el apartamento*. Allí sería mucho peor. Por suerte, el dueño quería meter a otras personas.

–Claro, para alquilar dos veces más caro.

–Pero fue buena cosa para mí. No quería volver más. No he pasado ni siquiera por la esquina.

Marcos se mueve en la silla. Le viene una música de tango[27] a la cabeza, pero enseguida se da cuenta y vuelve a la conversación.

–No tengo que repetírtelo. En casa tenés sitio.

–No, viejo*. Muchas gracias. Pero no me siento con humor para vivir con nadie. En realidad, ustedes no pueden solucionar mi problema. Pero si voy a vivir a tu casa, yo sí puedo ser un problema para ustedes. Fijate qué negocio.

Marcos mira el despertador.

–Las doce ya.

Se pasa una mano por el cuello.

–¿Supiste que la semana pasada estuvo el viejo Budiño en el taller? Fue en la noche que tenés libre.

–Algo me contaron.

–Nos vino con la misma historia de siempre: aquello de trabajar juntos y yo me siento un compañero de ustedes. Siempre hay alguno nuevo que se cree todo lo que dice. Yo lo miraba a ese tontito que entró hace poco para aprender el oficio. Tenés que ver cómo abría las orejas. Parecía que estaba escuchando a Artigas[28]. A la salida intenté hablar con él. Pero no me hizo mucho caso. Está claro. Eso no lo aprende nadie con las lecciones que dan otros.

–¿Viste el editorial[29] de hoy?

–Basura. Ese tipo es basura.

–Me tocó componerlo[30] a mí. Le metí una letra equivocada. Precioso, pero ya vi que la corrigieron.

–Tené cuidado.

–Ese tipo siempre está ahí para molestar, hasta[2] cuando está enfermo.

–¿Será cierto que está enfermo?

–Dicen que sí. Algo en el vientre[1].

–Por mí, que se muera.

Marcos deja el mate sobre la mesita y se levanta.

–¿Te vas?

–Sí, puesto que no querés que te acompañe, me voy.

–¿Hoy tenés libre?

–Sí.

–Bueno, dale saludos a Matilde y decile que voy a pensar lo del domingo.

–No lo pensés más y vení, hombre.

–De aquí al domingo, hay tiempo. Te contesto en el diario.

Después de cerrar la puerta, Antonio se queda un rato acostado en la cama, con los pies afuera para no manchar la colcha. Media hora después, se pone el saco* y se va.

Anda sin apuro* hasta Agraciada; luego, por Agraciada hasta San Martín. No recuerda si el ómnibus es 154 o 155. Una lástima no haber tenido un hijo. Un hijo tan callado como él y María Esther, eso daba igual. Un hijo para, al menos, acompañar ahora su silencio. Edmundo Budiño. Basura. ¿Será un síntoma[31] de vida sentir aún este odio tranquilo? ¿Significa, quizá, que su corazón va a despertar otra vez? Cuando los editoriales del viejo Budiño llegan a su linotipo y los tiene que componer, se pone enfermo de verdad. Esa facilidad para mentir fríamente, esa manera de venderse siempre, esa falta de todo, nunca las ha podido aguantar.

Es el 154: Cementerio del Norte. Antonio tiene que correr para tomar el ómnibus, que viene llenísimo. De pie en el pasillo intenta ir hacia atrás para sentarse, pero no puede. Una mujer ancha, con un chico en brazos, le corta el camino. El chico tiene como doce años. Un hombre muy bien vestido, que ocupa un asiento, mira de repente hacia arriba, ve toda aquella gente y encuentra además la mirada de la mujer. En esta mirada lee que la mujer no piensa esperar más, «quiere» un asiento. El hombre ríe, con la boca cerrada y echando aire por la nariz.

–Tome asiento, señora –dice al levantarse.

La mujer se sienta y coloca al chico encima de ella. Las fuertes piernas del chico cuelgan hacia el pasillo.

–¿Adónde lleva al chiquillo? ¿A que lo afeiten? –pregunta el mismo hombre.

Las risas de los treinta y dos viajeros sentados y los veintiocho viajeros de pie, que es lo permitido, no dejan oír las protestas de la mujer. También Antonio se ríe, pero la vergüenza del muchacho le da lástima.

Al llegar a Larrañaga, consigue asiento. No trajo el diario. En los últimos tiempos lee apenas los títulos, además de lo que le toca componer en el taller. Pero no es lo mismo. Tantos años de hacer este trabajo; al final hacemos las cosas sin pensar. Le da igual componer Economía que Deportes, Policía que Trabajo. Lo único que despierta su interés son los editoriales, que le traen escritos a mano, con letra enorme y nerviosa. Siempre vienen llenos de manchas. Lo ponen enfermo pero llaman su atención. En varios aspectos, son los textos más sucios que Antonio ha compuesto en su vida.

Bajan varias mujeres. Por suerte. El ómnibus se para por fin y Antonio puede entonces poner un pie en el suelo. En la puerta del cementerio, se acerca a comprar unas flores.

–Éstas, ocho pesos[32] y éstas, doce –dice el hombre sin quitarse el cigarrillo de la boca.

Naturalmente, es un robo. Pero no puede hacerle eso a María Esther. No puede empezar a discutir el precio ahora.

–Deme las de doce.

Va por el camino central. La tierra está húmeda y con los zapatos que lleva puestos se le están mojando los pies. Son tan parecidas las lápidas[33]. Ésa que dice: *A Carmela, de su esposo**, es casi igual a la que él busca y encuentra. Nada más que esto: *María Esther Ayala de Suárez.* ¿Para qué más? Antonio deja las flores. Después, se mete las manos en los bolsillos del pantalón. A su izquierda, a cinco o seis metros de donde está, una mujer de saco negro, llora en silencio. Por un momento, Antonio observa con interés aquel dolor. Después vuelve a mirar la lápida. *María Esther Ayala de Suárez.* ¿Qué más? Por la avenida central va entrando lentamente un cortejo[34]. Ocho, diez, doce coches. Todo aquí va despacio. Hasta las palabras de aquellos dos empleados que están quitando tierra delante de una lápida, a unos metros de allí. *María Esther Ayala de Suárez.* La Z no está en su sitio, ha quedado más abajo que las otras letras. Las mayúsculas[35] son lindas*. Sencillas pero lindas. ¿Qué más? En este momento, decide que no volverá. María Esther no está con él, pero tampoco está aquí. Ni en el cielo. No está, sencillamente. ¿Para qué volver? No sirve de nada. La mujer del saco negro sigue llorando.

Antonio saca las manos de los bolsillos y empieza a caminar* hacia la avenida central. Otro cortejo está entrando. Se acerca lentamente. Desde el interior de uno de los autos* una chiquilla, delgadita y de pelo largo, mira a Antonio y le enseña la lengua. Antonio espera que cierre la boca, preguntándose si después sonreirá. Al fin, ella guarda la lengua, pero se queda seria.

Sólo ahora, Antonio se fija en las dos mayúsculas que están escritas en el coche del muerto: E.B. Por un momento le salta el corazón. No sabía que estaba todavía tan vivo. Intenta tranquilizarse, diciéndose a sí mismo que no puede ser, que esas letras no pueden ser lo que él piensa: la E y la B de Edmundo Budiño. No es un entierro suficientemente rico. Además, cada clase tiene su cementerio, y a la de los Budiño, desde luego, no le toca el Cementerio del Norte.

Sin embargo, se acerca a uno de los autos, que se encuentra parado en ese momento, y pregunta:

–¿Quién?

–Barrios –le contesta el conductor–. Enzo Barrios.

LOS BOMBEROS

OLEGARIO no sólo fue un prodigio[36] adivinando el futuro, sino que además siempre estuvo muy orgulloso[37] de serlo. A veces se quedaba pensando por un momento, y luego decía: «Mañana va a llover». Y llovía. Otras veces se pasaba la mano por la cabeza y avisaba: «El martes ganará el 57». Y el martes ganaba el 57. Entre sus amigos despertaba una enorme admiración[15].

Algunos de ellos recuerdan el más famoso de sus éxitos. Paseaban con él frente a la Universidad, cuando de repente el ruido furioso de los bomberos cruzó el fresco aire de la mañana. Olegario sonrió ligeramente, y dijo: «Es posible que mi casa se esté quemando».

Llamaron un taxi y siguieron de cerca a los bomberos. Éstos tomaron por Rivera, y Olegario dijo: «Es casi seguro que mi casa se esté quemando». Los amigos guardaron un profundo y amable silencio; tanto lo admiraban.

Los bomberos siguieron por Pereyra y la nerviosidad ya no pudo ser mayor. Cuando se metieron por la calle donde vivía Olegario, los amigos se quedaron pálidos de curiosidad. Por fin los bomberos se pararon, enfrente mismo de la casa de Olegario. Se estaba quemando. Los hombres empezaron rápida y tranquilamente su trabajo. De vez en cuando, desde las ventanas de la planta alta, algún trozo de madera quemada volaba por los aires.

Con toda la calma, Olegario bajó del taxi. Se colocó bien la corbata, y luego, con estudiada expresión[38] de tímido orgullo, se preparó para recibir las felicitaciones y los abrazos de sus buenos amigos.

LA EXPRESIÓN[38]

MILTON Estomba había sido un niño prodigio[36]. A los siete años ya tocaba la Sonata N.° 3, Op. 5, de Brahms, y a los once las felicitaciones de todos acompañaron sus conciertos en las ciudades más importantes de América y Europa.

Sin embargo, cuando llegó a los veinte años, pudo observarse en el joven un clarísimo cambio. Había empezado a preocuparse demasiado por el gesto[39] interesante, por la manera especial de mover las manos, por la cara tan seria y como de dolor, por los ojos puestos en el vacío, y otras cosas así. Él llamaba a todo ello «su expresión».

Poco a poco, Estomba consiguió un buen número de «expresiones». Tenía una para tocar la Patética, otras para Niñas en el jardín, otra para la Polonesa. Antes de cada concierto las estudiaba frente al espejo; pero el público, que lo admiraba[15] locamente, tomaba esas expresiones por naturales y las recibía con pasión.

El primer síntoma[31] apareció en un concierto de sábado. El público se dio cuenta de que algo raro pasaba y en sus felicitaciones dejó ver un principio de sorpresa y preocupación. La verdad era que Estomba había tocado la Catedral Sumergida con la «expresión» de la Marcha Turca.

Pero el desastre ocurrió seis meses más tarde y recibió de los médicos el nombre de «amnesia lagunar»[40]. La laguna era la música.

En veinticuatro horas, Milton Estomba se olvidó para siempre de todas las sonatas, marchas y otras obras que había tocado mil veces.

Lo increíble, lo realmente increíble, fue que no olvidó ninguno de los estudiados gestos que acompañaban cada una de las obras que tocaba. Nunca más pudo dar un concierto de piano, pero hay algo que le queda. Todavía hoy, en las noches de los sábados, sus mejores amigos van a su casa para asistir a un silencioso concierto de «expresiones». Todos dicen que su *capolavoro* es la Appassionata.

LA NOCHE DE LOS FEOS

1

Los dos somos feos. Ni siquiera somos vulgarmente[10] feos. A ella le falta media nariz. Desde los ocho años, desde la operación. Mi horrible herida cerca de la boca viene de una grave quemadura, ocurrida en un accidente cuando apenas tenía catorce años.

Tampoco tenemos ojos con esa clase de mirada triste y dulce por la que a veces los horribles consiguen acercarse a la belleza. No, de ninguna manera. Tanto los de ella como los míos son ojos duros; en ellos sólo se lee que poco o nada nos hemos acostumbrado a nuestra desgracia. Quizá eso nos ha unido. Tal vez *unido* no sea la palabra más exacta. Quiero decir, el profundo odio que cada uno de nosotros siente por su propia[5] cara.

Nos conocimos a la entrada del cine, haciendo cola para ver a los dos hermosos de no sé qué película. Allí fue donde por primera vez nos observamos sin simpatía, pero con oscuro interés; allí fue donde comprendimos, ya desde la primera mirada, que los dos íbamos solos por la vida. En la cola todos estaban esperando de dos en dos, pero además eran parejas de verdad: esposos*, novios, amantes, abuelitos, quién sabe. Todos –de la mano o del brazo– tenían a alguien. Sólo ella y yo teníamos las manos libres.

Nos miramos la cara el uno al otro, despacio, con fría calma, sin curiosidad. Me paré abiertamente en su nariz, puesto que para eso tenía yo también una herida. Ella no se puso roja. Me gustó que fuera dura, que ella a su vez observara tranquilamente la parte lisa, sin barba, de mi piel[25] quemada.

Por fin entramos. Me senté detrás de ella. Ella no podía mirarme, pero yo, hasta[2] en la oscuridad, podía observar su pelo rubio sobre el largo cuello, su oreja fresca, pequeñita.

Durante una hora y cuarenta minutos pudimos admirar[15] a los guapos actores de la película, al duro hombre, a la suave muchacha. Por lo menos yo he sido siempre capaz de admirar lo lindo*. Mi odio lo guardo para mi cara, y a veces para Dios. También para la cara de otros feos. Quizá debería sentir lástima, pero no puedo. La verdad es que son algo así como espejos.

La esperé a la salida. Caminé* unos metros al lado de ella, y luego le hablé. Cuando se paró y me miró, me pareció que dudaba. La invité a charlar un rato en una cafetería. De repente aceptó.

La cafetería estaba llena, pero en ese momento se quedó libre una mesa. Fuimos pasando entre la gente y a nuestras espaldas quedaban los gestos[39] de sorpresa. He aprendido a adivinar esa urgente curiosidad, esa oscura alegría que sienten sin saberlo las personas que tienen una cara corriente, maravillosamente normal. Pero esta vez no necesitaba adivinar nada, porque oía claramente las palabras pronunciadas en voz baja, las risitas, las falsas carrasperas[13]. Una cara horrible y sola tiene su interés, está claro; pero dos caras feas juntas son en sí mismas un cuadro muchísimo más interesante; algo que se debe mirar acompañado, al lado de alguno (o alguna) de esos hermosos con quienes tiene interés compartirse el mundo.

Nos sentamos, pedimos dos helados y ella no tuvo miedo (eso también me gustó) de sacar del bolso su espejito y arreglarse el pelo. Su lindo pelo.

–¿Qué está pensando? –pregunté.

Ella guardó el espejo y sonrió.

Por fin entramos. Me senté detrás de ella. Durante una hora y cuarenta minutos pudimos admirar a los guapos actores de la película, al duro hombre, a la suave muchacha.

–Nada original –dijo–. Igualitos los dos.

Hablamos largamente. A la hora y media tuvimos que pedir dos cafés para poder seguir allí sin enfadar al mozo*. De repente me di cuenta de que tanto ella como yo estábamos hablando tan clara y duramente que ya no estábamos exactamente descubriendo nuestros corazones. Sentí que llegábamos al momento en que la verdad y la mentira son casi lo mismo. Decidí tirarme a fondo.

–Usted siente que el mundo entero está en su contra, ¿verdad?

–Sí –dijo, todavía mirándome.

–Usted admira a los hermosos, a los normales. Usted quisiera tener una cara tan agradable como esa muchachita que está a su derecha. Usted es inteligente, y ella, con esa risa, tonta del todo; pero eso le da igual, ¿verdad?

–Sí.

Por primera vez no pudo aguantar mi mirada.

–Yo también quisiera eso. Pero hay una posibilidad, ¿sabe?, de que usted y yo lleguemos a algo.

–¿Algo como qué?

–¡Como querernos! O sencillamente entendernos. Lo puede llamar de una manera u otra, pero hay una posibilidad.

Ella puso cara seria. No quería falsas esperanzas[3].

–Prométame no tomarme por un loco.

–Prometo.

–La posibilidad es meternos en la noche. En la noche más negra. En lo completamente oscuro. ¿Me entiende?

–No.

–¡Tiene que entenderme! Lo completamente oscuro. Donde usted no me vea, donde yo no la vea. Su cuerpo es lindo, ¿no lo sabía?

Se puso roja, y el color de su nariz se hizo de repente más fuerte.

–Vivo solo, en un apartamento*, cerca de aquí.

Levantó la cabeza y ahora sí me miró preguntándome, intentando con todas sus fuerzas leer en mí.

–Vamos –dijo.

2

No sólo apagué la luz, sino que además cerré bien la doble cortina. A mi lado respiraba. Y no era una respiración nerviosa. No quiso que la ayudara a desnudarse.

Yo no veía nada, nada. Pero igual pude darme cuenta de que ahora estaba quieta, esperando. Acerqué despacio mi mano hasta tocar su pecho. Seguí bajando por su piel suave y así vi su vientre[1], su sexo. Sus manos también me vieron.

En ese momento comprendí que yo debía salir (y sacarla) de aquella mentira; sí, yo mismo había mentido. O lo había intentado. Fue como un relámpago. No éramos eso. No éramos eso.

Tuve que usar todas las fuerzas olvidadas que guardaba muy dentro de mí, pero lo hice. Mi mano subió despacio hasta su cara, encontró el horrible recuerdo, y muy suavemente la tocó una y otra vez. En realidad, mis dedos (al principio un poco asustados, luego cada vez más seguros) pasaron muchas veces sobre sus lágrimas[20].

Entonces, cuando yo menos lo esperaba, su mano también llegó a mi cara, y pasó y repasó sobre la piel lisa, esa isla sin barba de mi vieja quemadura.

Lloramos hasta la mañana. Tristes, felices. Luego, me levanté y abrí la cortina doble.

EL OTRO YO

ERA un muchacho corriente: se le rompían los pantalones viejos, leía historietas, hacía ruido cuando comía, se metía los dedos en la nariz, se llamaba Armando. Corriente en todo, menos en una cosa: tenía Otro Yo.

El Otro Yo usaba profundas miradas, se enamoraba de las actrices, mentía prudentemente y lloraba por las tardes cuando caía la noche. Al muchacho le preocupaba mucho su Otro Yo y le hacía sentirse poco cómodo frente a sus amigos. Por otra parte el Otro Yo era pesimista y, por este motivo, Armando no podía ser tan vulgar[10] como él quería.

Una tarde Armando llegó cansado del trabajo, se quitó los zapatos, movió lentamente los dedos de los pies y encendió la radio. En la radio estaba Mozart, pero el muchacho se durmió. Cuando despertó, el Otro Yo lloraba amargamente. En el primer momento, el muchacho no supo qué hacer, pero después reaccionó y le gritó con todas sus ganas al Otro Yo. Éste no dijo nada, pero a la mañana siguiente se había matado.

Al principio la muerte del Otro Yo fue un duro golpe para el pobre Armando, pero enseguida pensó que ahora sí iba a poder ser perfectamente vulgar. Esta idea le hizo sentirse mejor.

Sólo hacía cinco días que se había muerto el otro, cuando salió a la calle para enseñar su nueva y completa vulgaridad. Desde lejos vio que se acercaban sus amigos. Eso lo llenó de felicidad e inmediatamente empezó a reír. Sin embargo, cuando pasaron a su lado, ellos no parecieron verlo. Y lo peor fue que, además, el muchacho alcanzó a escuchar que decían: «Pobre Armando. Y pensar que parecía tan fuerte, tan lleno de salud».

El muchacho tuvo que dejar de reírse. Y al mismo tiempo, sintió en el pecho una falta de aire que se parecía bastante al dolor del recuerdo. Pero no pudo sentirse realmente triste, porque toda la tristeza se la había llevado el Otro Yo.

MISS AMNESIA[40]

LA muchacha abrió los ojos y se sintió perdida. No recordaba nada. Ni su nombre, ni su edad, ni su dirección. Vio que su falda era marrón y que la blusa era clara. No tenía cartera. Su reloj daba las cuatro y cuarto. Tenía un ligero dolor de cabeza. Miró sus manos y vio que las uñas eran lindas. Estaba sentada en el banco de una plaza con árboles. Desde su banco veía comercios, grandes letreros. Pudo leer: Nogaró, Cine Club, Porley muebles, Marcha[41], Partido Nacional[42]. Al lado de su pie izquierdo vio un trozo de espejo. Lo recogió. Se dio cuenta de que no era normal su curiosidad cuando se encontró frente a aquella cara que era la suya. Fue como verla por primera vez. No le trajo ningún recuerdo. Intentó recordar su edad. Pensó que podía tener dieciséis o diecisiete años, más o menos. Lo extraño era que recordaba el nombre de las cosas (sabía que esto era un banco, eso un árbol, aquello otro un letrero); pero no sabía dónde estaba su sitio, ni en qué tiempo vivía. Volvió a pensar, esta vez en voz alta: «Sí, debo de tener dieciséis o diecisiete», sólo para estar segura de que era una frase en español. Se preguntó si además hablaba otro idioma. Nada. No recordaba nada. Sin embargo, se sentía tranquila, como libre de todo peligro, llena de una calma casi perfecta. Estaba sorprendida, claro, pero la sorpresa no le era desagradable. No sabía muy bien por qué, pero le parecía que esto era mejor que cualquier otra cosa; y sentía que en otro sitio, a sus espaldas, podía haber algo sucio, algo horrible. Sobre su cabeza los árboles tenían dos verdes distintos, y el cielo casi no se veía. Unos pajarillos se acercaron a ella, pero enseguida se marcharon. En realidad, no tenía nada para darles. Un mundo de gente pasaba al lado del banco, sin fijarse en ella. Sólo algún muchacho la miraba. A ella no le molestaba conversar*, hasta[2] le apetecía, pero aquellos muchachos un poco más curiosos sólo dudaban un segundo y, al final, siempre decidían seguir su camino. Entonces alguien se paró y vino hacia ella. Era un hombre de unos cincuenta años, bien vestido, con corbata, con el pelo perfectamente colocado y seria expresión[38]. Ella adivinó que le iba a hablar. «¿A lo mejor me conoce?», pensó. Y se asustó: aquel hombre podía llevarla a su pasado y ella no quería. Se sentía tan feliz en su confortable olvido. Pero el hombre sencillamente vino y preguntó: «¿Le ocurre algo, señorita?». Ella lo observó largamente. La cara del tipo[11] le dio confianza y se olvidó de su miedo. La verdad es que todo le daba confianza. «Hace un rato abrí los ojos en esta plaza y no recuerdo nada, nada de lo de antes.» Le pareció que no eran necesarias más palabras. Se dio cuenta de su propia[5] sonrisa cuando vio que el hombre también sonreía. Él le dio la mano. Dijo: «Mi nombre es Roldán, Félix Roldán». «Yo no sé mi nombre», dijo ella, pero le dio su mano. «Da igual. Usted no puede quedarse aquí. Venga conmigo. ¿Quiere?» Claro que quería. Cuando se levantó, miró hacia los pájaros que otra vez la rodeaban, y pensó: «Qué suerte, soy alta». El hombre llamado Roldán la tomó suavemente del brazo y le propuso un camino. «Es cerca», dijo. ¿Qué podía significar cerca? No importaba. La muchacha se sentía como una turista. Nada le era extraño y sin embargo no podía reconocer ningún detalle. Sin pensarlo más, se dejó llevar por el fuerte brazo del otro. El traje era suave, de una tela seguramente cara. Miró hacia arriba (el hombre era alto) y le sonrió. Él también sonrió, aunque esta vez con la boca un poco abierta. La muchacha alcanzó a ver un diente de oro. No preguntó por el nombre de la ciudad. Él le dio la información: «Montevideo». La palabra cayó en un hondo vacío. Nada. Nada de nada. Ahora iban por una calle estrecha. Los autobuses pasaban muy cerca de la vereda* y levantaban un agua sucia. Ella pasó la mano por sus piernas para limpiarse unas manchitas oscuras. Entonces vio que no tenía medias. Se acordó de la palabra medias. Miró hacia arriba y encontró unos balcones viejos, con ropa secando, y un hombre en pijama. Decidió que le gustaba la ciudad.

«Aquí estamos», dijo el hombre llamado Roldán, cuando llegaron a una puerta ancha. Ella pasó primero. En el ascensor, el hombre le dio al botón del piso quinto. No dijo una palabra, pero la miró con nerviosidad. Ella le contestó con una mirada llena de confianza. Cuando él sacó la llave para abrir la puerta del apartamento*, la muchacha vio que en la mano derecha él llevaba un anillo de casado y además otro con una piedra roja. No pudo recordar cómo se llamaban las piedras rojas. En el apartamento no había nadie. Al abrirse la puerta, llegó de dentro un desagradable olor a cerrado. El hombre llamado Roldán abrió una ventana y la invitó a sentarse en uno de los sillones. Luego trajo copas, hielo, whisky. Ella recordó las palabras hielo y copa. No la palabra whisky. Bebió un poquito y el alcohol la hizo toser, pero le gustó. La muchacha observó los muebles, las paredes, los cuadros. La habitación no le pareció demasiado agradable, pero estaba de muy buen humor y no le dio importancia. Miró otra vez al hombre y se sintió cómoda, segura. No quiero recordar nunca hacia atrás, pensó. Entonces escuchó una risa que la asustó. «Ahora decime, amiguita. Ahora que estamos solos y tranquilos, eh, vas a decirme quién sos.» Ella volvió a toser y abrió unos ojos enormes. «Ya le dije, no me acuerdo.» Le pareció que el hombre estaba cambiando rápidamente. Cada vez era menos elegante y más feo; detrás de la linda* corbata y del traje de lana cara se escondía otro hombre, que aparecía ahora, profundamente vulgar[10] y antipático. «¿Miss Amnesia? ¿Verdad?» Y eso ¿qué significaba? Ella no entendía nada, pero sintió que empezaba a tener miedo, casi tanto miedo de este increíble presente como del oscuro pasado. «Che*, miss Amnesia –rió el hombre otra vez–, ¿sabés que sos bastante original? Desde luego, es la primera vez que me pasa algo así. ¿Son las costumbres modernas o qué?» La mano del hombre llamado Roldán se acercó. Era la mano del mismo brazo fuerte que ella había tomado sin pensarlo allá en la plaza. Pero en verdad era otra mano. Demasiado ancha, fea, peligrosa. Se dio cuenta de que el miedo no la dejaba moverse ni hacer nada. La mano se le acercó, intentó meterse dentro de su blusa. Pero había cuatro botones y era difícil. Entonces la mano tiró hacia abajo y saltaron tres de los botones. Uno de ellos, que había caído cerca, siguió lentamente su camino por el suelo hasta ir a parar contra la pared. Mientras se escuchó el ruidito, los dos se quedaron quietos. Pero ella enseguida reaccionó y se levantó, con el vaso todavía en la mano. El hombre llamado Roldán se le fue encima. Ella sintió que el tipo la empujaba hacia un amplio sofá verde. Sólo decía: «Miss Amnesia, miss Amnesia». Se dio cuenta de que la boca del hombre se paraba primero en su cuello, luego en su oreja, después en sus labios. Vio que aquellas horribles manos intentaban quitarle la ropa. Sintió que le faltaba el aire, que ya no aguantaba más. Observó que todavía tenía entre los dedos el vaso que había tenido whisky. Entonces, con todas sus fuerzas, dio con el vaso, sin soltarlo, en la cara de Roldán. Éste se fue hacia atrás, durante unos segundos se movió a un lado y a otro y finalmente cayó al lado del sofá verde. La muchacha saltó por encima del cuerpo del hombre, soltó por fin el vaso (que cayó sobre una alfombrita, sin romperse), corrió hacia la puerta, la abrió, salió al pasillo y bajó asustadísima los cinco pisos. Por la escalera, claro. En la calle pudo volverse a colocar un poco la blusa, gracias al único botón que se había salvado. Empezó a caminar* rápido, casi corriendo. Con horror, con miedo, también con tristeza

Nada. No recordaba nada. Sin embargo, se sentía tranquila, como libre de todo peligro, llena de una calma casi perfecta.

y siempre pensando: «Tengo que olvidarme de esto, tengo que olvidarme de esto». Reconoció la plaza y reconoció el banco donde había estado sentada. Ahora estaba vacío. Así que se sentó. Uno de los pajarillos pareció observarla, pero ella no tenía humor para hacer ningún gesto[39]. Sólo tenía una idea en la cabeza: «Tengo que olvidarme, Dios mío haz que me olvide también de esta vergüenza». Echó la cabeza hacia atrás y le pareció que se desmayaba.

Cuando la muchacha abrió los ojos, se sintió perdida. No recordaba nada. Ni su nombre, ni su edad, ni su dirección. Vio que su falda era marrón y que a su blusa, de color claro, le faltaban tres botones. No tenía cartera. Su reloj daba las siete y veinticinco. Estaba sentada en el banco de una plaza con árboles. Desde el banco veía comercios, grandes letreros. Pudo leer: Nogaró, Cine Club, Porley muebles, Marcha, Partido Nacional. Nada. No recordaba nada. Sin embargo, se sentía tranquila, como libre de todo peligro, llena de una calma casi perfecta. No sabía muy bien por qué, pero le parecía que esto era mejor que cualquier otra cosa; y sentía que en otro sitio, a sus espaldas, podía haber algo sucio, algo horrible. La gente pasaba al lado del banco. Con niños, con carteras, con paraguas. Entonces alguien se paró y vino hacia ella. Era un hombre de unos cincuenta años, bien vestido, con el pelo perfectamente colocado, serio, con corbata y una herida en un ojo. «¿Es alguien que me conoce, quizá?», pensó ella, y tuvo miedo. Aquel hombre podía llevarla otra vez a su pasado y ella no quería. Se sentía tan feliz en su confortable olvido. Pero el hombre se acercó y preguntó sencillamente: «¿Le pasa algo, señorita?». Ella lo observó largamente. La cara del hombre le dio confianza. La verdad es que todo le daba confianza. Vio que el hombre le daba la mano y oyó que decía: «Mi nombre es Roldán. Félix Roldán». Después de todo, el nombre era lo que menos importaba. Así que se levantó y, sin pensarlo más, se dejó llevar por aquel brazo fuerte.

ACASO[43] IRREPARABLE[44]

CUANDO los parlantes* avisaron que las Líneas Centroamericanas de Aviación retrasaban por veinticuatro horas su vuelo[45] número 914, Sergio Rivera tuvo un gesto[39] de mal humor. Ya sabía, por supuesto, lo que siempre se dice: siempre es mejor un retraso por razones de prudencia que un problema («acaso irreparable») durante el vuelo. De cualquier manera, este retraso complicaba bastante sus planes porque ya tenía citas para el siguiente mediodía.

Decidió autoprohibirse la nerviosidad. La suave voz de mujer seguía diciendo ahora por el parlante que la Compañía invitaba a los viajeros a cenar, dormir y desayunar en el Hotel Internacional, al lado del aeropuerto. Nunca había estado en este país del Este y pensaba que podía haber sido interesante conocerlo; pero por una sola noche (y aunque el Banco del aeropuerto estaba abierto) no iba a cambiar dólares. Así que se fue a hacer cola para pedir a la empleada de LCA el papelito con la invitación para el hotel; decidió que no iba a gastar ningún dinero de su propio[5] bolsillo.

Nevaba cuando el ómnibus* los dejó enfrente del hotel. Pensó que era la segunda vez que veía nieve. La otra había sido en Nueva York, en un viaje urgente que debió hacer (al igual que éste, para la empresa) hacía casi tres años. El frío de dieciocho grados bajo cero, que primero sintió en las orejas y luego en todo el cuerpo, le hizo acordarse de la bufanda azul que había dejado en el avión. Por suerte, las puertas de cristal se abrieron solas, e inmediatamente una ola de calor lo hizo sentirse mejor. Pensó que en ese momento era una pena no tener cerca a Clara, su mujer, y a Eduardo, su hijo de cinco años. Después de todo, para él lo importante era la familia.

En el restaurante, vio que había mesas para dos, para cuatro y para seis. Él eligió una para dos, con la secreta esperanza[3] de comer solo y así poder leer con tranquilidad. Pero al mismo tiempo otro viajero le preguntó: «¿Le molesta?» y casi sin esperar respuesta se sentó en el lugar libre.

El tipo[11] era argentino y tenía un miedo horrible a los aviones: «Mucha gente se busca sus ayuditas, para darse suerte –dijo–, tengo un amigo que no sube a un avión si no lleva consigo cierto anillo con una piedra azul. Conozco a otro que viaja siempre con su viejo *Martín Fierro*[46]. Yo mismo llevo conmigo, aquí están, ¿las ve?, dos moneditas japonesas que compré, no se ría, en San Francisco. Pero la verdad es que yo tampoco consigo estar tranquilo con ellas, ni con ninguna otra cosa».

Rivera empezó contestando sin ganas, sin pronunciar palabra casi, con un sí o un no en el mejor de los casos; pero a los diez minutos ya había tenido que dejar su lectura y estaba hablando de sus propios miedos. «Mire, esas cosas que hacemos para darnos suerte no sirven para nada. Siempre llevaba esta Sheaffer's pero vacía, y había una doble razón: por un lado, no había peligro de mancharme el traje, y, por otro, pensaba que no me iba a pasar nada en ningún vuelo si la llevaba así, vacía. Pero en este viaje me olvidé de vaciarla y la llevo normal, lista para escribir; y ya ve, sin embargo estoy vivo, no me ha pasado nada.» Le pareció ver en la mirada del otro que no estaba muy convencido, y entonces se sintió obligado a decir algo más: «La verdad es que en el fondo todo eso son tonterías. Todo está ya decidido. Si a alguien le llega la hora, da igual un Boeing que la planta que le cae encima desde el balcón de un séptimo piso». «Sí –dijo el otro–, pero, de todas maneras, prefiero la planta. Con un poco de suerte, me puede dejar idiota, pero vivo.»

El argentino no terminó el postre («¿Quién dijo que en Europa saben hacer el *mousse* de chocolate?») y se fue a su habitación. Rivera ya estaba demasiado cansado para leer y encendió un cigarrillo mientras esperaba poderse tomar el café, que estaba demasiado caliente. Se quedó todavía un rato en el comedor; pero cuando vio que las mesas se estaban quedando vacías, se levantó rápidamente para no quedar último y se fue a su habitación, en el segundo piso. El pijama estaba en la valija*, que había quedado en el avión, así que se acostó con la ropa interior. Leyó un buen rato, pero en esa historia de Agatha Christie adivinó quién había matado a quién demasiado pronto, antes de empezar a sentir la llegada del sueño, desde luego. Para recordar la página donde dejaba la lectura usaba una foto de su hijo. Desde una linda* playa, en traje de baño, Eduardo sonreía, y él, viéndolo, también sonrió. Después apagó la luz y encendió la radio, pero la estudiada voz hablaba una lengua extrañísima, así que también la apagó.

Cuando sonó el teléfono, su brazo tardó unos segundos en encontrarlo. Una voz en inglés dijo que eran las ocho y buenos días; y que un autobús de LCA iba a recoger a los viajeros del vuelo 914 en la puerta del hotel a las nueve y media, puesto que «si todo iba bien», el avión iba a salir a las once y media. Había tiempo, entonces, para bañarse y desayunar. Le molestó tener que usar, después de la ducha, la misma ropa interior que traía puesta desde Montevideo. Mientras se afeitaba, estuvo pensando cómo reorganizar todas sus citas: quería ver a todos en lo que quedaba de la semana, también a los clientes que no había podido visitar el día anterior. «Hoy es martes 5», se dijo. Se dio cuenta de que no era posible, de que iba a tener que elegir. Así lo hizo. Recordó las últimas palabras del Presidente de su empresa («No se olvide, Rivera, que la conversación con la gente de Sapex es lo que más nos interesa, a nosotros, y a usted sobre todo») y decidió dejar para otra ocasión algunas citas menos importantes. Así iba a poder estar toda la tarde del miércoles con esos graciosos de Sapex, y quizá, a la noche, ir con ellos a ver aquel *strip-tease* que tanto le había gustado, dos años antes, a Pereyra.

Desayunó solo, y a las nueve y media, exactamente, el ómnibus paró frente al hotel. Nevaba todavía más que el día anterior, y en la calle el frío era casi imposible de aguantar. En el aeropuerto, se acercó a una de las amplias ventanas y miró, con bastante mal humor, cómo un buen número de empleados vestidos de gris iban y venían alrededor del avión. Eran las doce y quince cuando la voz del parlante avisó que el vuelo 914 de LCA tenía un nuevo retraso, posiblemente de tres horas. Los viajeros podían comer en el restaurante del aeropuerto. Por supuesto, la Compañía pagaba.

Rivera sintió que lo alcanzaba una nube de desagradables dudas. Como siempre que se ponía nervioso, observó que le dolían los dientes, de cerrar la boca con tanta fuerza. Luego fue a hacer cola para pedir el papelito. A las 15 y 30, la voz del parlante dijo, con toda la calma, que puesto que el avión seguía con problemas mecánicos, LCA había decidido retrasar su vuelo 914 hasta mañana, a las 12 y 30. Por primera vez, la gente empezó a protestar, todavía en voz bajita. Rivera escuchó palabras como «increíble», «una vergüenza», «qué falta de todo». Varios niños empezaron a llorar y se oyó cómo una fuerte bofetada cortaba las lágrimas[20] de uno de ellos. El argentino miró desde lejos a Rivera y movió la cabeza y los labios, como diciendo: «¿Qué me cuenta?». Una mujer, a su izquierda, comentó sin esperanza: «¿Y por qué no nos devuelven al menos el equipaje?».

Rivera sintió que el odio le llegaba a la garganta cuando el parlante avisó que LCA estaba encantada de invitar a los viajeros a cenar, dormir y desayunar. Una empleada ya estaba entregando los papelitos que había que enseñar en el hotel. La pobre muchacha tenía que discutir tonta e inútilmente con cada uno de los viajeros, aguantando sus protestas. Rivera encontró más elegante recibir el papelito callado, con sólo una ligera sonrisita en los labios. Le pareció que, con una rápida mirada, la muchacha le daba las gracias por ello.

En esta ocasión, Rivera pensó que su odio era ya el mismo que el de todos y se sentó a cenar en una mesa de cuatro. «Matarlos es poco», dijo, con la comida en la boca, una señora. El señor que Rivera tenía enfrente abrió lentamente la servilleta para limpiarse el bigote. «No sé por qué no nos proponen un vuelo en otra compañía, de verdad», insistió[14] la señora. «Somos demasiada gente», dijo el hombre de la servilleta. Rivera dio una más tímida opinión: «Es lo malo de volar en invierno», pero inmediatamente se dio cuenta de que una opinión así, tan inútil, no era lo que la gente esperaba. A ella, por supuesto, le sirvió para decir: «A mí me parece que la Compañía no ha dicho nada del mal tiempo. ¿Acaso usted no cree que lo que hay es un problema mecánico?». Por primera vez, los tres oyeron la voz del alemán que también se había sentado en la mesa: «Una de las azafatas explicó que el problema es del aparato de radio». «Bueno –contestó Rivera–, si es así, el retraso parece explicable, ¿no?»

Allá, en el fondo del restaurante, el argentino hacía grandes gestos donde Rivera adivinaba un odio cada vez mayor hacia la Compañía. Después del café, Rivera fue a sentarse enfrente de los ascensores. En el salón del séptimo piso debía de haber alguna reunión con baile, puesto que de la calle entraba mucha gente. Después de dejar abajo todos sus abrigos, sombreros y bufandas, esperaban el ascensor unos jovencitos elegantemente vestidos de oscuro y unas muchachas muy frescas y lindas. A veces bajaban otras parejas por la escalera, hablando y riendo, y Rivera sentía no conocer el motivo de tanta risa. De repente se sintió horriblemente solo. Necesitaba hablar con alguien. ¿Por qué alguna de aquellas parejitas no se acercaba a pedirle fuego, por ejemplo, o a hacerle una pregunta tonta en ese imposible idioma que parecía tener (cosa realmente increíble) sitio para el humor? Pero nadie se paró, ni siquiera a mirarlo. Todos estaban demasiado metidos en su mundo, en su propia alegría.

Triste y enfadado consigo mismo, Rivera subió a su habitación, que esta vez estaba en el octavo piso. Se desnudó, se metió en la cama y preparó un papel para cambiar una vez más el plan de citas. Escribió tres nombres: Kornfeld, Brunell, Fried. Quiso escribir el cuarto y no pudo. Lo había olvidado completamente. Sólo recordó que empezaba con E. Lo molestó tanto esta laguna[40] que decidió apagar la luz e intentó dormirse. Durante largo rato estuvo convencido de que ésta iba a ser una de estas larguísimas noches sin sueño que hacía algunos años habían sido su enfermedad. Además, esta vez no iba a poder leer. Una segunda Agatha Christie había quedado en el avión. Estuvo un rato pensando en su hijo, y de repente, con gran sorpresa, se dio cuenta de que hacía por lo menos veinticuatro horas que no se acordaba de su mujer. Cerró los ojos para obligarse a dormir. Le pareció que sólo habían pasado tres minutos cuando, seis horas después, sonó el teléfono y alguién le hizo saber, siempre en inglés, que el ómnibus iba a recogerlos a las 12 y 15 para llevarlos al aeropuerto. Como no podía cambiarse de ropa interior, decidió no bañarse. Hasta[2] dudó antes de lavarse los dientes. Pero tomó el desayuno alegremente. Se sentía contento pensando, cosa extrañísima en él, que pagaba la Compañía.

En el aeropuerto, después de comer invitado por las LCA, se sentó en un amplio sofá que, como estaba a la entrada de los lavabos, nadie se decidía a ocupar. Entonces se dio cuenta de que una chiquilla (rubia, cinco años, con muñeca) se había parado a su lado y lo miraba. «¿Cómo te llamas?», preguntó ella en su lindo alemán de niña pequeña. Rivera decidió que presentarse como Sergio era lo mismo que nada, y entonces contestó: «Karl». «Ah –dijo ella–, yo me llamo Gertrud.» Rivera siguió con las amabilidades: «¿Y tu muñeca?». «Ella se llama Lotte», dijo Gertrud.

Otra niña (también rubia, quizá cuatro años, con muñeca igualmente) se había acercado. Preguntó en francés a la alemancita: «¿Tu muñeca cierra los ojos?». Rivera tradujo la pregunta al alemán, y luego la respuesta al francés. Sí, Lotte cerraba los ojos. Pronto pudo saberse que la francesita se llamaba Madeleine, y su muñeca Yvette. Él tuvo que explicarle a Gertrud que Yvette cerraba los ojos y además decía mamá. La conversación tocó luego asuntos tan diferentes como el chocolate, los juguetes y los papás de las dos. Rivera trabajó duramente un cuarto de hora traduciendo del alemán al francés y del francés al alemán, pero las dos niñas no le daban ninguna importancia. Mientras las observaba y escuchaba, Rivera se acordaba de su hijo y la verdad es que encontraba diferencias que llenaban de orgullo[37] su corazón de padre.

De repente Madeleine le quiso dar la mano a Gertrud y ésta, en un primer momento, no respondió a su gesto. Luego lo pensó mejor y finalmente la tomó. Los ojos azules de la alemancita brillaron y Madeleine dio un gritito de alegría. Estaba claro que ya no hacía falta traductor y las dueñas de Lotte e Yvette se alejaron, tomadas de la mano, sin despedirse siquiera de quien tanto había hecho por ellas.

«LCA avisa –dijo la voz del parlante, menos suave que la del día anterior–, que, al no haber conseguido aún arreglar el avión, ha decidido retrasar su vuelo 914 hasta mañana. La hora de salida no se puede comunicar todavía.»

Rivera se sorprendió a sí mismo corriendo hacia el sitio donde la empleada de la Compañía daba los papelitos con invitación a cenar, dormir y desayunar en el hotel de siempre. Quería conseguir un buen lugar en la cola. Sin embargo, sólo llegó el octavo. Cuando la muchacha le dio el ya conocido papelito, Rivera se sintió de todas maneras muy contento. Algo parecido a cuando, de estudiante, hacía un buen examen o cuando, unas semanas antes, su jefe le había prometido más plata*. O quizá, sencillamente se encontró como menos solo y más seguro.

Estaba terminando de cenar (una cena estupenda, acompañada por la mejor cerveza de que tenía memoria), cuando se dio cuenta de que su alegría era realmente muy difícil de explicar. Otras veinticuatro horas de retraso significaban que ya podía olvidarse sin más de varias de sus citas de trabajo. Conversó* un rato con el argentino de la primera noche, pero éste no sabía hablar de otra cosa que del peligro peronista[47]. El asunto no le interesaba demasiado a Rivera, así que dijo que estaba cansado y se marchó a su habitación, ahora en el quinto.

Cuando quiso reorganizar sus planes de trabajo, se encontró con que se acordaba solamente de dos nombres: Fried y Brunell. Esta vez, el olvido le pareció tan divertido que rió con ganas. Tan alto que hasta le sorprendió que en la habitación vecina nadie le pidiera silencio. Se tranquilizó pensando que en algún lugar de la valija que estaba en el avión, había un cuadernito con todos los nombres, direcciones y teléfonos. Se metió entre aquellas extrañas sábanas con botones. Y allí se sintió tan bien como cuando era niño y, después de un duro día de invierno, se escondía en su cama calentita. Antes de dormirse, se quedó un momento mirando a Eduardo (con su traje de baño, en la linda playa de la foto); pero tenía ya tanto sueño que no se dio cuenta de que no se acordaba de Clara.

A la mañana siguiente, miró casi con amor su ropa interior ya sucia del todo. Se lavó tímidamente los ojos, pero casi enseguida decidió no lavarse los dientes. Volvió a meterse en la cama y esperó la conocida llamada de teléfono. Luego, mientras se vestía, pensó que la Compañía era desde luego estupenda por invitar así a todos los viajeros. «Siempre viajaré por LCA», dijo en voz alta, y los ojos se le llenaron de lágrimas. Por esta razón tuvo que cerrarlos y cuando los abrió, lo primero que vio fue un almanaque[48]. No se había fijado en él hasta ahora. En vez de jueves 7, leía miércoles 11. Contó los días con los dedos, y decidió que no podía ser. Aquella fecha estaba equivocada. Seguramente era de otro mes o de otro año. En ese momento, pensó lo peor de los países socialistas y de su manera de funcionar.

Esta vez sí había nerviosidad en el aeropuerto. Dos matrimonios, uno chileno y otro español, protestaban por el retraso. Decían, además, que desde el momento que viajaban con niños de pocos meses, la Compañía debía hacer algo, al menos conseguirles las valijas que seguían en el avión. La empleada de LCA repetía siempre lo mismo, con voz monótona; que la Compañía iba a intentar dar solución, dentro de lo posible, a los problemas de todos, que era la primera en sentir esos retrasos, pero que no tenía la culpa.

Retraso... no tenía la culpa... Sergio escuchó estas palabras y se sintió mejor. Quizá era eso lo que siempre había buscado en su vida (que había sido todo lo contrario: lo urgente no buscado, la prisa buscada, apuro*, siempre apuro). Miró a su alrededor y leyó en lenguas varias: Sortie, Arrivals, Ausgang, Douane, Departures, Cambio, Herren, Change, Ladies, Verboten, Transit, Snack Bar. Algo así como su casa.

De vez en cuando una voz, siempre de mujer, avisaba de la llegada de un avión, la salida de otro. Nunca, por supuesto, del vuelo 914 de LCA. El avión seguía allí, con cada vez más mecánicos grises alrededor, *jeeps* que iban y venían trayendo o llevando nuevos empleados y órdenes.

«Asunto político, esto es un asunto político», pasó diciendo un italiano enorme que viajaba en primera clase. Sergio Rivera se acercó al lugar donde estaba la empleada de LCA. Seguro que el parlante pronto iba a avisar del nuevo retraso, y de esta manera él iba a estar en el primer sitio para recoger el papelito con invitación a cena, habitación y desayuno.

Gertrud y Madeleine pasaron al lado de Rivera, tomadas de la mano y ya sin muñecas. A las chiquillas (¿eran las mismas, u otras muy parecidas?, estas niñitas rubias europeas son todas iguales) el retraso no les parecía molestar más que a él. Rivera pensó que ya no iba a poder ir a ninguna cita, que ni siquiera iba a ver a la gente de ¿cómo era? Intentó, por deporte casi, recordar algún nombre, uno solo, y se entusiasmó como nunca cuando comprobó que ya no recordaba ninguno.

También esta vez se encontró con un almanaque frente a él, pero la fecha que daba (lunes 7) era tan increíble, que decidió no darle importancia. Fue en ese mismo momento cuando aparecieron todos los viajeros de un avión que acababa de llegar. Rivera vio al muchacho, e inmediatamente sintió en su corazón algo como un antiguo y conocido cariño. Sin embargo, el joven pasó a su lado sin mirarlo siquiera. Venía conversando con una chica de pantalones verdes y zapatitos negros. El muchacho fue hasta el bar y trajo dos refrescos de naranja. Rivera, sin pensarlo, se sentó en un sofá vecino.

«Dice mi hermano que aquí estaremos más o menos una hora», dijo la chica. Él se limpió los labios con el pañuelo. «Tengo ganas de llegar.» «Yo también», dijo ella. «Tenés que escribirme. Quién sabe, a lo mejor nos vemos. Después de todo, estaremos cerca.» «Vamos a escribir ahora mismo las direcciones», dijo ella.

El muchacho sacó un bolígrafo, y ella abrió un cuadernito rojo. A menos de dos metros de la pareja, Sergio Rivera escuchaba, sin poder moverse, blanco como el papel.

«Escribí –dijo la muchacha–, María Elena Suárez, Koenigstrasse 21, Nuremberg. ¿Y vos?» «Eduardo Rivera, Lagergasse 9, Viena III.» «¿Y cuánto tiempo vas a estar?» «Por ahora, un año», dijo él. «¡Qué feliz, che*! ¿Y tu viejo* no protesta?»

El muchacho empezó a decir algo. Desde su sitio Rivera no pudo entender las palabras porque en ese momento el parlante (la misma voz de mujer de siempre, pero ahora más cansada) avisaba: «LCA comunica que, por los problemas mecánicos, ha decidido retrasar su vuelo 914 hasta mañana. La hora de salida no se puede comunicar todavía».

Sólo cuando calló el parlante, Sergio pudo oír la voz del muchacho: «Además, no es mi viejo sino el segundo marido de mi madre. Mi padre murió hace años, ¿sabés?, en un accidente de avión».

CINCO AÑOS DE VIDA

MIRÓ el reloj y vio lo que se temía. Las doce y cinco. Si no empezaba inmediatamente a despedirse, iba a perder el último *métro*. Siempre le ocurría lo mismo. Cuando alguien, llevado por los recuerdos, propios[5] o de otros, o por el alcohol, o por las ganas de sentirse *vedette*, empezaba por fin a contar cosas originales... O cuando alguna de las mujeres se ponía de repente más bonita o más amable o más interesante que de costumbre... O cuando alguno de los amigos, de los de más edad, empezaba a contar a su especial manera historias sobre la guerra civil[49] en Madrid... O sea, cuando por fin todos dejaban atrás las bromas vulgares[10] y las tonterías de siempre, exactamente en ese momento, él tenía que olvidarse de fiestas, dejar la suave mano de mujer que tenía tomada en la suya, y ponerse de pie y decir, con amarga sonrisa: «Bueno, llegó mi hora». Y despedirse, besando a las muchachas, y dando golpecitos en la espalda de los hombres, nada más que para no perder el último *métro*. Los otros podían quedarse, sencillamente porque vivían cerca o –los menos– tenían auto*. Pero Raúl no podía gastarse el dinero en un taxi y tampoco le divertía (aunque en dos ocasiones lo había hecho) la idea de volver a pie, porque vivía al otro lado de París.

Así que, ya decidido, tomó los lindos* dedos de Claudia Freire, que en la última hora habían descansado sobre su pierna derecha, y los besó uno por uno antes de dejarlos sobre el sofá. Luego dijo, como siempre: «Bueno, llegó mi hora», aguantó callado las protestas y la broma de Agustín: «Guardemos un minuto de silencio por Cenicienta[50], que debe volver a su casa. No te olvides el zapatito número cuarenta y dos». Mientras todos se reían, Raúl se acercó a besar la cara caliente de María Inés, Nathalie (única francesa) y Claudia, y también la de Raquel, extrañamente fresca. Luego pronunció un claro «chau* a todos», dio las gracias a los muy bolivianos dueños de la casa por su invitación, y se fue.

Hacía bastante más frío que cuatro horas antes, así que levantó el cuello del impermeable. Casi corrió por la rue Renan, no sólo para quitarse el frío, sino también porque eran las doce y cuarto. Así alcanzó el último tren en dirección Porte de la Chapelle. Tuvo la rara suerte de ser el único viajero del último vagón, y se sentó cómodamente en el asiento, preparado para ver pasar las dieciséis estaciones vacías que le faltaban para llegar a Saint Lazare, donde tenía que cambiar de tren. Cuando iba por Falguière, empezó a pensar en los problemas que un escritor como él, «no francés» (le pareció que eso decía más que «escritor uruguayo») encontraba necesariamente si quería escribir sobre este ambiente, esta ciudad, esta gente, este subterráneo*. El hecho era que, realmente, la idea de «el último *métro*» no estaba mal para un cuento. Por ejemplo: alguien se quedaba toda la noche (solo, o mejor, acompañado; o mejor todavía, bien acompañado) encerrado en una estación hasta la mañana siguiente. Faltaba organizar la historia, contarla, pero por supuesto que de allí era fácil sacar algo interesante. Para otros, claro; nunca para él. Le faltaban los detalles, las cosas pequeñas y el saber cómo funcionan. Escribir sin ellos, escribir sin darles su importancia, era la manera más segura de conseguir su propio ridículo. ¿Cómo se cierran las puertas? ¿Se quedan las luces encendidas? ¿Hay guardia de noche? ¿Alguien se ocupa primero de comprobar que no queda nadie en la estación? Eran

Hacía bastante más frío que cuatro horas antes, así que levantó el cuello del impermeable. Casi corrió por la rue Renan, no sólo para quitarse el frío, sino también porque eran las doce y cuarto.

muchas dudas. Más seguro se iba a sentir si escribía una historia parecida sobre, por ejemplo, el último viaje del ómnibus* 173, que en Montevideo iba de Plaza de la Independencia a Avenida de Italia y Peñón. Porque no sabía *todos* los detalles, pero sí sabía cómo contar lo importante y cómo decir, además, lo menos importante.

Todavía estaba pensando en eso, cuando llegó a Saint Lazare y tuvo que correr otra vez para alcanzar el último tren a Porte des Lilas. Esta vez corrieron con él otras siete personas, pero cada una eligió un vagón distinto. Él volvió a subirse en el último, porque, así, en Bonne Nouvelle, se iba a encontrar más cerca de la salida. Pero ahora no iba solo. Al fondo del vagón había una muchacha, de pie, aunque todos los asientos estaban libres. Raúl la miró largamente, pero ella no se daba cuenta. No quitaba los ojos de un papel que recordaba a los franceses la necesidad de mirar la fecha de su carnet de identidad si pensaban viajar al extranjero en las próximas *vacances*. Él tenía la costumbre de observar a las mujeres (especialmente si eran tan lindas como ésta). Así que inmediatamente comprobó que la chica tenía frío como él (a pesar de su abriguito claro, demasiado claro para el invierno, y de la bufanda de lana), sueño como él, ganas de llegar como él. En fin, que estaban hechos para entenderse. Siempre se estaba prometiendo buscarse una novia, o algo parecido, entre las francesas, como la mejor manera de aprender el idioma. Pero el hecho era que todos sus amigos y amigas eran latinoamericanos. A veces no era una ventaja sino algo más bien aburrido, pero la verdad era que se buscaban unos a otros. Querían hablar de Cuernavaca o Antofagasta o Paysandú o Barranquilla, y también quejarse de los problemas que encontraban para meterse completamente en la vida francesa; ellos, que no intentaban comprender mucho más que los editoriales[29] de *Le Monde* y el nombre de los platos en el *self service*.

Por fin Bonne Nouvelle. La muchacha y él salieron del vagón por distintas puertas. Otros diez viajeros bajaron del tren, pero fueron hacia la salida de la rue du Faubourg Poissonière; él y la muchacha, hacia la de rue Mazagran. Los zapatos de ella hacían bastante ruido; sin embargo, los de él la seguían siempre a la misma y silenciosa distancia. Pero cuando llegaron a la puerta de salida, se dieron cuenta de que estaba cerrada ya. Raúl escuchó que la muchacha decía «Dios mío», así, en español, y vio su cara asustada. «No se ponga nerviosa –dijo Raúl–, la otra puerta tiene que estar abierta.» Ella, al oír hablar en español, no hizo ningún comentario pero pareció animarse. «Vamos rápido», dijo, y empezó a correr, en la otra dirección. Pasaron otra vez por el andén. Ya no había nadie y estaba a media luz. Desde el andén de enfrente un empleado les gritó que se apuraran*, porque iban a cerrar la otra puerta. Mientras seguían corriendo juntos, Raúl recordó sus dudas de un rato antes. Ahora podré hacer el cuento, pensó. Ya tenía los detalles. La muchacha parecía a punto de llorar, pero no paraba de correr. En un primer momento, él pensó pasar delante de la chica para llegar antes y ver si la puerta de Poissonière estaba abierta. Pero le pareció poco amable dejarla sola en aquellos pasillos ya casi sin luz. Así que llegaron juntos. Estaba cerrada. La muchacha gritó: «¡Monsieur! ¡Monsieur!». Pero aquí no había nadie, y menos *monsieur*. Nadie. «No hay solución», dijo Raúl. En el fondo no le molestaba la idea de pasar la noche allí, con la muchacha. No era francesa, ésa era la única pena. Qué larga y agradable clase podía haber sido.

«¿Y el hombre que estaba en el otro andén?», dijo ella. «Tiene razón. Vamos a buscarlo –dijo él, con poco entusiasmo, y siguió–: ¿Quiere esperar aquí mientras yo intento encontrarlo?» Muerta de miedo, ella contestó: «No, por favor, voy con usted». Otra vez pasillos y escaleras. La muchacha ya no corría. Parecía haber comprendido que no había esperanza[3] de salir. Por supuesto, en el otro andén ya no había nadie; igual gritaron pero no tuvieron respuesta. «No podemos hacer nada, así que es inútil enfadarse –repetía él–, lo mejor será ponerse cómodos e intentar dormir un poco.» «¿Dormir?», dijo ella con sorpresa (parecía que él le había propuesto algo horrible). «Claro.» «Duerma usted, si quiere. Yo no podría.» «Ah no, si usted va a quedarse despierta, yo también. Por supuesto. Conversaremos*.»

Al final del andén había quedado una lucecita encendida. Hacia allí caminaron*. Él se quitó el impermeable para dárselo a ella. «No, de ninguna manera. ¿Y usted?» Él mintió: «Yo nunca tengo frío». Dejó el impermeable al lado de la muchacha, pero ella no lo tomó. Se sentaron en el largo banco de madera. Él la miró y la vio tan asustada, con miedo de él como de todo, que le vinieron ganas de sonreír. «¿Le complica mucho la vida esta historia?», preguntó, nada más que por decir algo. «Imagínese.» Estuvieron unos minutos sin hablar. Él se daba cuenta de que la situación tenía un lado ridículo. Había que acostumbrarse a ella poco a poco. «¿Podríamos empezar por presentarnos?» «Mirta Cisneros», dijo ella, pero no le dio la mano. «Raúl Morales –dijo él–, uruguayo. ¿Usted es argentina?» «Sí, de Mendoza.» «¿Y qué hace en París? ¿Estudiar?» «No. Pinto. Es decir, pintaba.» «¿Y no pinta más?» «Trabajé mucho para ahorrar plata* y venir. Pero aquí tengo que trabajar tanto para vivir que se acabó la pintura. Horrible. Porque además, no tengo dinero para el viaje de vuelta. En fin, la verdad es que volver para decir que todo ha ido mal también es horrible.» Él no hizo comentarios. Sencillamente dijo: «Yo escribo –y sin darle tiempo a ella de preguntar más–. Cuentos.» «Ah. ¿Y tiene libros publicados?» «No, sólo en revistas.» «¿Y aquí puede escribir?» «Sí, puedo.» «¿Y el dinero?» «Vine hace dos años, porque gané bastante con un cuento que publiqué en un diario*. Y me quedé. Hago traducciones, un poco de todo. Yo tampoco tengo plata para la vuelta. Y tampoco quiero decir allí que no he conseguido nada.» Ella se decidió por fin a colocarse el impermeable de él sobre los hombros.

A las dos, ya habían hablado de sus problemas con el dinero y con los franceses; y de cómo eran los países de cada uno. A las dos y cuarto, él propuso el tuteo[51]. Ella dudó un momento; luego aceptó. Él dijo: «Puesto que no podemos hacer otra cosa, ¿por qué no me contás tu historia y yo te cuento la mía? ¿Qué te parece?». «La mía es muy aburrida.» «La mía también. Ya no hay historias divertidas, desde hace mucho.» Ella iba a decir algo pero tuvo que sacar su pañuelo para secarse la nariz y se le fue la idea. «Mirá –dijo él–, para que veas que soy comprensivo, voy a empezar yo. Después, si no te dormiste, decís vos tu cuento. Y si te dormís, no pasa nada. ¿De acuerdo?» Se dio cuenta de que había dicho lo último sobre todo para parecer simpático. «De acuerdo», dijo ella, sonriendo abiertamente y dándole, ahora sí, la mano.

«Primero: nací un quince de diciembre, de noche. Una noche de tormenta, recuerda siempre mi viejo*. ¿Año? Mil novecientos treinta y cinco. ¿Sitio? No sé si sabés que antes, todos los montevideanos decían lo mismo: que habían nacido en el Interior. Ahora no, cosa rara, nacen en Montevideo. Yo soy de la calle Solano García. No la conocés, claro. Punta Carretas. Tampoco conocés. La costa, digamos. De chico fui una desgracia. No sólo por ser hijo único, sino porque además tenía poca salud. Siempre enfermo. Tuve de todo. Cuando no tenía ninguna enfermedad, estaba descansando de la anterior. Hasta[2] cuando todos decían que estaba bien, yo tenía la nariz colorada y el pañuelo en la mano.»

Habló un poco más de aquellos años (colegio, maestra linda, primas alegres, pastelitos de chocolate, imposibilidad de comprender a los padres, etc.). Pero cuando quiso pasar a los años siguientes, se dio cuenta perfectamente, y por primera vez, que lo único un poco interesante de su vida había ocurrido cuando era niño. Decidió hablar claro y le dijo esto mismo a la muchacha.

Mirta lo ayudó: «No querrás creerme, pero la verdad es que no tengo nada que contar. Casi te diría que no tengo recuerdos. Porque no puedo llamar recuerdos a los golpes que recibí de la mujer de mi padre (debo decir que tampoco eran tan horribles); ni a mis estudios, grises; ni a los pocos amigos del barrio; ni a los tiempos, en Buenos Aires, en que vendía bolígrafos en un oscuro comercio de la calle Corrientes. Verás, creo que estos años en París, tan sola como a veces me siento y con los problemas de dinero, son sin embargo lo más interesante de mi vida. Con eso te digo todo».

Mientras hablaba, miraba hacia el otro andén. A pesar de la poca luz, Raúl vio que la muchacha tenía lágrimas[20] en los ojos. Entonces, casi sin darse cuenta (y cuando se dio cuenta era tarde para parar el gesto[39]), acercó la mano hacia su cara. Lo raro fue que la muchacha no pareció sorprenderse. Sin duda porque en esta extraña situación ya nada era normal. Después él alejó la mano y se quedaron un rato quietos, callados. A veces les llegaban algunos ruidos apagados que les recordaban que allá arriba, encima de sus cabezas, seguía estando la calle.

De repente él dijo: «En Montevideo tengo una novia. Buena chica. Pero hace dos años que no la veo, y, cómo te diré, cada vez me es más difícil recordar su cara. Si te digo que me acuerdo de sus ojos, pero no de sus orejas ni de sus labios». Ella se quedó callada. Él preguntó: «¿Vos tenés novio, o marido, o amigos?». «No», dijo ella. «¿Ni aquí, ni en Mendoza ni en Buenos Aires?» «En ninguna parte.»

Él bajó la cabeza. En el suelo había una moneda de un franco. Se agachó y la recogió. Se la pasó a Mirta. «Guardala como recuerdo de esta *Stille Nacht*.» Ella la metió en el bolsillo del impermeable, sin acordarse de que no era el suyo. Él se pasó las manos por la cara. «Bueno, ¿para qué voy a mentirte? No es mi novia, sino mi mujer. Lo demás es cierto, sin embargo. Estoy aburrido de esta situación, pero no me decido a romper. Cuando le intento decir algo de esto por carta, me contesta como una loca, avisándome que si la dejo se mata. Y claro, yo comprendo que lo hace sólo para asustarme, pero ¿y si se mata? Quizá no lo parezca, pero soy bastante cobarde. ¿O acaso[43] parezco cobarde?» «No –dijo ella–, parecés bastante valiente, aquí, bajo tierra, y sobre todo a mi lado, que estoy muerta de miedo.»

La próxima vez que él miró el reloj, eran las cuatro y veinte. En la última media hora no habían hablado casi nada, pero él se había acostado en el enorme banco, con la cabeza sobre la blanda cartera negra de Mirta. A veces ella le pasaba la mano por el pelo. «Qué lisos», dijo. Nada más. A Raúl le parecía estar en el centro de algún sueño loco y maravilloso. Sabía que así estaba bien, pero también sabía que si quería ir más lejos, si intentaba en esa noche tan especial tener una aventura vulgar, iba a perderlo todo. A las cinco menos cuarto se levantó y caminó un poquito porque sentía las piernas dormidas. De repente la miró y fue como una luz. Nunca en ninguno de sus cuentos había podido escribir palabras así; pero por suerte no estaba escribiendo sino pensando, así que no tuvo problema en decirse a sí mismo que esa muchacha era su destino[52]. Orejas, pecho, corazón, vientre[1], sexo, piernas, su cuerpo entero se llenó de esa verdad.

La nerviosidad y la pasión lo llevaron a romper el silencio. «¿Sabés una cosa? Me gustaría pensar que todo empieza aquí. Daría cinco años de mi vida por ello. Sí, me gustaría haber dejado ya a mi mujer, y saber que no se ha matado; tener un buen trabajo en París; y, al abrirse las puertas, salir de aquí los dos como lo que ya somos: una pareja.» Desde el banco ella hizo con la mano un vago gesto, como para alejar alguna sombra, y dijo: «Yo también daría cinco años –y luego–: No importa, ya encontraremos plata».

El primer síntoma[31] de que la estación despertaba fue el aire fresco que llegó hasta ellos. Los dos sintieron frío. Luego se encendieron todas las luces. Ella sacó un espejito para colocarse un poco el pelo y pintarse los labios. Él mismo se peinó un poco. Cuando subían lentamente las escaleras, se cruzaron con los primeros viajeros de la mañana. Él iba pensando en que ni siquiera la había besado. Quizá había sido demasiado tímido, se preguntaba. Fuera no hacía tanto frío como el día anterior.

Como la cosa más normal empezaron a caminar por el Boulevard Bonne Nouvelle, en dirección a Correos. «¿Y ahora?», dijo Mirta. Raúl sintió que le había quitado la pregunta de los labios. Pero no tuvo oportunidad de responder. Desde la acera de enfrente, otra muchacha, de pantalones negros y saco* verde, les hacía gestos para que la esperaran. Raúl pensó que debía de ser una amiga de Mirta. Mirta pensó que debía de ser una conocida de Raúl. Al fin la chica pudo cruzar y les dijo con gran alegría y acento mexicano: «Al fin los encuentro, idiotas. Toda la noche llamándolos al apartamento*, y nada. ¿Dónde se habían metido? Necesito que Raúl me preste el Appleton. ¿O acaso es de Mirta?».

Quedaron sin poder hablar y sin moverse. Pero la otra siguió. «Vamos, no sean malos. De verdad lo necesito. Es para una traducción. ¿Qué les parece? No se queden así, parados, como dos tontos. ¿Van al apartamento? Los acompaño.» Y muy decidida, la muchacha empezó a caminar apurada por Mazagran hacia la rue de L'Échiquier. Raúl y Mirta la siguieron, sin hablarse ni tocarse, cada uno metido en sus propias dudas. La chica se detuvo frente al número 28. Los tres subieron por la escalera (no había ascensor) hasta el cuarto piso. Frente al apartamento 7, la muchacha dijo: «Bueno, abran». Muy lentamente Raúl sacó sus llaves del bolsillo. Tenía tres, como siempre. Probó con la primera; no funcionó. Probó con la segunda y pudo abrir la puerta. La chica empujó casi a sus amigos y se fue directamente hacia la biblioteca, que estaba al lado de la ventana. Tomó el Appleton, besó a Raúl y luego a Mirta y dijo: «Espero que esta noche hablen un poco más. ¿Se acuerdan de que hoy quedamos en ir a la fiesta de Emilia? Lleven discos, *please*». Y salió corriendo, cerrando la puerta con fuerza.

Mirta se dejó caer sobre el sillón. Raúl, sin pronunciar palabra, con cara seria, empezó a pasearse por el apartamento, observándolo todo. En la biblioteca, encontró sus libros, con cosas escritas por él, en rojo como siempre; pero había otros nuevos, con muchas páginas sin cortar. En la pared del fondo estaba su querida reproducción[53] de Miró; pero además había una de Klee que siempre había querido tener. Sobre la mesa había tres fotos: una, de sus padres; otra, de un señor parecidísimo a Mirta; en la tercera estaban Mirta y él, abrazados sobre la nieve, según parecía, muy divertidos.

Desde que había aparecido la chica del Appleton, no había conseguido mirar de frente a Mirta. Ahora sí la miró. Ella le contestó con una mirada sin sombras, un poco cansada quizá, pero tranquila. No la ayudó mucho, sin embargo, puesto que en ese momento Raúl supo dos cosas: no sólo que había hecho mal en dejar a su esposa* montevideana, un poco loca pero inteligente, de mal carácter pero especialmente linda; sino también que su segundo matrimonio empezaba a no ir demasiado bien. Todavía quería a esa delgada y débil mujer, que siempre tenía frío y ahora lo miraba desde el sillón. Sí, pero para él estaba claro que en sus sentimientos hacia Mirta quedaba muy poco del fresco, completo, prodigioso[36] amor nacido de repente cinco años atrás; cuando la había conocido en cierta noche increíble, cada vez más lejos en su recuerdo, cada vez menos clara, en que por una extraña casualidad, quedaron encerrados en la estación Bonne Nouvelle.

ACTIVIDADES

Antes de leer

1. Antes de empezar la lectura, vamos a conocer un poco a su autor, Mario Benedetti, ¿qué sabes de él? Señala cuáles de las siguientes afirmaciones son verdaderas.

a. Era argentino. ☐
b. Era un activista político. ☐
c. Escribió en periódicos. ☐
d. Nunca abandonó su país. ☐
e. Escribió letras para canciones. ☐

2. Lee la página 3 en la que aparece una breve presentación de Mario Benedetti, comprueba tus respuestas y corrige las afirmaciones falsas.

3. El español hablado en España y el de Uruguay tienen algunas diferencias. Relaciona los términos equivalentes.

España	Uruguay
1. te vistes	a. sos
2. tomáis	b. te vestís
3. sois	c. embromar
4. gafas	d. plata
5. bromear	e. subterráneo
6. camarero	f. saco
7. metro	g. anteojos
8. chaqueta	h. toman
9. dinero	i. mozo

4. Hojea el libro y el índice de la última página. ¿Por dónde te apetecería empezar a leer el libro y por qué?

Durante la lectura

La muerte

5. (1) Antes de leer, escucha el principio del relato e intenta contestar a las preguntas.

   1. Mariano está nervioso porque:
      a) está seguro de que va a morir.
      b) está esperando unos resultados médicos.
      c) un amigo suyo va a morir.
   2. Águeda y Susana son:
      a) la amante y la mujer del protagonista.
      b) las hermanas del protagonista.
      c) la hija y la mujer del protagonista.

Plaza de la Independencia, Montevideo, Uruguay.

   3. Mariano:
      a) se ha enterado de su enfermedad hace un tiempo y ha recibido tratamiento.
      b) se ha enterado hace poco más de una semana de que está enfermo.
      c) hace tiempo que sabe que está enfermo, pero no ha ido todavía al médico.
   4. Mariano se encuentra en estos momentos en la calle porque:
      a) quiere tomar un café.
      b) se encuentra nervioso y ha salido a pasear.
      c) va a visitar al médico.

6. ¿Qué sensaciones despierta en Mariano pensar en la muerte? Puede haber más de una respuesta correcta.

   a) miedo
   b) paz y tranquilidad
   c) sentimiento de pérdida
   d) enfado y rabia
   e) aceptación
   f) negación y rebeldía
   g) nostalgia y añoranza
   h) tristeza y pena

7. Ahora, lee el principio del relato y comprueba tus respuestas.

8. Después de leer todo el relato, señala cuáles de las siguientes afirmaciones son verdaderas.

a. Finalmente, la enfermedad del protagonista no es mortal. ☐
b. El médico da esperanzas al enfermo. ☐
c. Ahora el protagonista está seguro de que va a morir. ☐
d. Ahora el protagonista se encuentra más tranquilo porque tiene esperanza. ☐
e. Finalmente, el temor a la muerte ha desaparecido. ☐

Ganas de embromar

9. 2 Antes de leer el relato, escucha el comienzo. Lee los siguientes textos y elige el que resume mejor lo que has escuchado.

a) Armando es un espía internacional. Alguien está escuchando sus conversaciones telefónicas y para que no sospechen hace bromas con su amigo. Finalmente, su novia lo avisa de que está en peligro.

b) Armando tiene sospechas de que están escuchando sus conversaciones telefónicas. Por eso, decide bromear con un amigo suyo, Barreiro, simulando que forman parte de un grupo revolucionario. Finalmente, un día, hablando con su novia, escucha unos ruidos, problamente hechos por la persona que está escuchando.

c) Armando forma parte de un grupo revolucinario en Uruguay. Por ello, han colocado micrófonos en su teléfono para conseguir pruebas contra él. Para que no lo descubran, simula conversaciones falsas con su colega Barreiro. Finalmente, cuando está hablando con su novia, esta lo delata.

10. Ahora, lee el principio del relato y corrige tus respuestas.

11. Después de leer la continuación del relato, decide qué adjetivos describen a Tito, el hermano de Armando.

detallista	limpio	sereno	rico	responsable
religioso	serio	organizado	formal	frío
bromista	nervioso	ateo	juerguista	apolítico

12. Después de leer el final de la historia, señala en esta lista los once hechos que ocurren y ordénalos.

Ocurre		Orden
☐	a. La policía tortura a Armando colocando una máquina en sus genitales.	☐
☐	b. Llevan a Armando a la comisaría por no tener la documentación en regla.	☐
☐	c. Los policías comienzan a pegar a Armando.	☐
☐	d. Armando se resiste a ir a la comisaría.	☐
☐	e. Armando delata a sus compañeros.	☐
✓	f. Armando decide terminar con las bromas telefónicas.	1
☐	g. Armando insulta a los policías.	☐
☐	h. Un policía quema con un cigarrillo la espalda de Armando.	☐
☐	i. Comienzan a interrogar a Armando.	☐
☐	j. Dos policías detienen a Armando en la calle.	☐
✓	k. Armando descubre quién estaba escuchando sus conversaciones telefónicas.	11
☐	l. Maruja se encarga de curar a Armando.	☐
☐	m. Los policías preguntan a Armando sobre las conversaciones telefónicas.	☐
☐	n. Armando se desmaya.	☐
☐	ñ. Dejan libre a Armando.	☐

Todos los días son domingo

13. Lee las dos primeras páginas del relato e intenta ordenar estos pensamientos que podrían ser de Antonio.

- [ ] a. Será mejor que me levante. ¡Cómo me duele el pie! Esperaré sentado.
- [ ] b. He vuelto a tirar el agua, bueno, no importa.
- [ ] c. No tengo ganas de bañarme, ya lo hice ayer.
- [ ] d. Me pondré la camisa y la corbata para ir al cementerio.
- [ ] e. Ya me he vuelto a poner los zapatos antes de tiempo.
- [ ] f. ¿Dónde está la muchachita? ¡Qué raro! Omnibuses en esta calle…
- [1] g. ¿Dónde estoy?
- [ ] h. No hace falta que me ponga la camiseta.
- [ ] i. Voy a llenar el mate antes de vestirme.
- [12] j. Seguro que es Marcos.
- [ ] k. Alguien ha entrado en el baño. Seguro que es Peralta.
- [ ] l. Ya está discutiendo doña Vicenta.

14. 3 Ahora, escucha la continuación del relato y señala si las siguientes afirmaciones corresponden a Marcos (M) o a Antonio (A) o a ambos.

a. Se tuvo que quedar más tiempo en el trabajo. [ ]
b. Está casado con Matilde. [ ]
c. Lo invitan a comer el domingo. [ ]
d. Se siente desanimado y sin ganas de salir. [ ]
e. Intenta animar a su amigo. [ ]
f. Va a ir al cementerio a visitar la tumba de su mujer. [ ]
g. No le importa la enfermedad de su jefe. [ ]

15. Ahora, continúa leyendo la historia y comprueba tus respuestas.

16. Después de leer el relato completo, contesta a las siguientes preguntas.
    1. Antonio lamenta no haber tenido un hijo porque:
        a) podría hablar con alguien.
        b) tendría compañía.
        c) podría salir con él.
    2. Antonio compra flores:
        a) aunque piensa que son caras.
        b) porque tienen muy buen precio.
        c) porque siente pena por el vendedor.
    3. Cuando Antonio se encuentra ante la tumba de su mujer:
        a) tiene muchas cosas que contarle.
        b) llora por su recuerdo.
        c) decide que no va a volver.
    4. Antonio se da cuenta de que aún está vivo porque:
        a) tiene ganas de ir a comer el domingo.
        b) es capaz de sentir algo.
        c) se compadece de su jefe.

Los bomberos

17. (4) Antes de leer el relato, escúchalo y señala cuáles de las siguientes afirmaciones son verdaderas.

    a. Olegario es envidiado por sus amigos. ☐
    b. Olegario estaba con sus amigos cuando pasaron los bomberos. ☐
    c. Olegario y sus amigos llegaron a la casa cuando el incendio ya había terminado. ☐
    d. Olegario se siente orgulloso a pesar de que su casa se ha quemado. ☐

18. Ahora lee el relato, comprueba tus respuestas y corrige las afirmaciones falsas.

La expresión

19. (5) Antes de leer el cuento, escúchalo e intenta completar las siguientes oraciones.
   a. Milton Estomba había sido…
   b. Cuando tenía veinte años se obsesionó con…
   c. Milton ensayaba todas las expresiones, pero el público creía que eran…
   d. Un día Milton comenzó a…
   e. Finalmente, Milton ofrecía a sus amigos conciertos de…

La noche de los feos

20. (6) Antes de leer el relato, escucha la primera parte y señala los sentimientos que van experimentando los protagonistas.

curiosidad	rechazo	compasión	miedo
aceptación	vergüenza	odio	admiración
soledad	frialdad	envidia	ternura

21. Ahora, lee el relato y relaciona estos sentimientos con los fragmentos del relato.

Sentimiento:
1. Incorformismo
2. Rechazo
3. Soledad
4. Vergüenza
5. Envidia

Lo dice en esta frase:
a. «Los dos íbamos solos por la vida»
b. «Se puso roja»
c. «Poco o nada nos hemos acostumbrado a nuestra desgracia»
d. «Usted quisiera tener una cara tan agradable como esa muchachita»
e. «El profundo odio que cada uno de nosotros siente por su propia cara»

22. Intenta resumir en una oración el final del cuento. ¿Crees que los protagonistas han cambiado en algún aspecto?

El Otro Yo

23. 7 Antes de leer el relato, escúchalo y señala a quién puede corresponder la siguiente descripción.

> Era una persona sensible, amante de la música, enamoradizo, pesimista y con un carácter un poco triste.

24. Ahora, lee el cuento y comprueba tu respuesta. ¿Quién crees que era realmente el personaje imaginario? ¿Por qué crees que se suicida?

Miss Amnesia

25. 8 Antes de leer el relato, escucha el principio e intenta señalar cuáles de las siguientes afirmaciones son verdaderas.

a. La muchacha puede recordar perfectamente su edad. ☐
b. La muchacha no ha olvidado el nombre de las cosas. ☐
c. La muchacha se sintió asustada por no poder recordar nada. ☐
d. El hombre inspiró confianza a la chica. ☐
e. Al llegar a la habitación el hombre descubre sus intenciones. ☐
f. La muchacha consigue golpear al hombre con una botella. ☐
g. El hombre decide dejar libre a la muchacha. ☐

26. Ahora, lee el principio de la historia y comprueba tus respuestas. Corrige las afirmaciones falsas.

27. Sigue leyendo el final del cuento. El último párrafo es muy similar el primero. ¿Puedes anotar las diferencias entre los dos párrafos?

28. ¿Cómo crees que continúa la historia? Escribe un posible final.

Acaso irreparable

29. 9 Antes de leer el relato, escucha el principio e intenta responder a las preguntas.

1. Sergio Rivera se enfada porque:
   a) tiene que pagarse un hotel.
   b) tendrá que anular algunas de sus citas.
   c) no puede visitar la ciudad.

2. Sergio elige una mesa para dos porque:
   a) quiere leer tranquilo.
   b) espera que se siente alguien para conversar.
   c) no queda otra mesa libre.
3. Sergio tiene una foto de su hijo:
   a) en la mesilla de noche.
   b) en su cartera.
   c) como marcador de lectura.
4. Sergio se pone nervioso porque:
   a) han retrasado de nuevo el vuelo.
   b) no tiene tiempo para ver a todas sus citas.
   c) tiene que cenar de nuevo con el hombre argentino.

30. Ahora, lee el principio del relato y comprueba tus respuestas.

31. Lee el resto del relato y explica cuándo y/o por qué experimenta los siguientes sentimientos el protagonista.

odio — soledad — tristeza — enfado — alegría
añoranza de sus seres queridos — sorpresa

32. 10 Antes de leer el último cuento del libro, escucha el principio y señala cuáles de las siguientes afirmaciones son verdaderas.

a. Raúl abandona la reunión porque tiene que tomar el último metro. ☐
b. A Raúl no le importa abandonar la reunión porque piensa que la gente es aburrida. ☐
c. A Raúl se le ocurre la idea de un cuento mientras está en el metro. ☐
d. Raúl duda de tener los conocimientos suficientes para escribir un relato ambientado en París. ☐
e. Raúl no quiere tener una novia francesa. ☐
f. Raúl y una chica se quedan encerrados en el metro. ☐
g. A Raúl no le importa pasar la noche en el metro. ☐

33. Ahora, lee el principio del relato y comprueba tus respuestas. Corrige las informaciones falsas.

34. Sigue leyendo la continuación del cuento y señala a quién de los dos protagonitas, Raúl (R) o Mirta (M), o a ambos corresponden las siguientes afirmaciones.

a. Siente miedo y desconfianza. ☐
b. La situación le parece ridícula. ☐
c. Ha dejado de ejercer su profesión. ☐
d. No tiene dinero para regresar a su país. ☐
e. Pasó la infancia con enfermedades. ☐
f. Siente soledad en París. ☐
g. Miente en algún momento. ☐
h. Piensa que es cobarde. ☐

35. Lee el final del relato e intenta contestar a las siguientes preguntas.
   1. Raúl y Mirta darían cinco años de su vida por:
      a) tener ya solucionados sus problemas económicos.
      b) ser ya una pareja.
      c) poder abandonar París.
   2. Raúl y Mirta se encuentran al salir del metro a una chica:
      a) que le resulta conocida a Raúl.
      b) que parece amiga de Mirta, pero no conoce a Raúl.
      c) a la que no conocen ninguno de los dos.
   3. Al llegar a su casa, Raúl y Mirta se dan cuenta de que:
      a) han pasado realmente cinco años.
      b) ya eran pareja antes de encontrarse en el subterráneo.
      c) están en Montevideo.
   4. Raúl y Mirta son finalmente:
      a) una pareja feliz y enamorada.
      b) dos fieles amigos.
      c) un matrimonio que no va muy bien.

París, Francia.

Después de leer

36. Escribe un pequeño texto describiendo los sentimientos y pensamientos que te ha producido la lectura del cuento que más te haya gustado. Léeselo a tus compañeros sin nombrar el relato del que estás hablando. Tus compañeros tienen que intentar adivinar a qué cuento te refieres.

37. Consulta en la Biblioteca Virtual Miguel de Cervantes la biblioteca de autor de Mario Benedetti (http://www.cervantesvirtual.com/). Busca en el catálogo de su obra los fragmentos disponibles y elige el que más te guste. Léeselo a tus compañeros.

SOLUCIONES

1. a-F; b-V, c-V; d-F; e-V.
2. a. Es uruguayo; d. Vivió en el exilio.
3. 1-b; 2-h; 3-a; 4-g; 5-c; 6-i; 7-e; 8-f; 9-d.
5. 1-b; 2-a; 3-b; 4-c.
6. a, c, d, g, h.
8. a-F; b-V; c-V; d-F; e-V.
9. b.
11. detallista, limpio, sereno, rico, responsable, religioso, serio, organizado, formal, frío, apolítico.
12. 1-f; 2-j; 3-b; 4-i; 5-m; 6-c; 7-g; 8-n; 9-ñ; 10-l; 11-k.
13. 1-g; 2-l; 3-k; 4-a; 5-c; 6-b; 7-i; 8-f; 9-e; 10-h; 11-d; 12-j.
14. a-M; b-M; c-A; d-A; e-M; f-A; g-M y A.
16. 1-b; 2-a; 3-a; 4-b.
17. a-F; b-V; c-F; d-V.
18. a. Olegario es admirado por sus amigos; c. El incendio no había terminado cuando llegaron a la casa.
19. a. un niño prodigio; b. las expresiones que ponía al tocar el piano; c. naturales; d. olvidar la música; e. expresiones.
20. rechazo, compasión, vergüenza, odio, admiración, soledad, frialdad, envidia, ternura.
21. 1-c; 2-e; 3-a; 4-b; 5-d.
22. Sí, ha habido un cambio en su actitud, ahora se han aceptado a sí mismos.
23. A el Otro Yo.

25. a-F; b-V; c-F; d-V; e-V; f-F; g-F.

26. a. La chica no recuerda su edad, cree que puede tener dieciséis o diecisiete años; c. Se sentía tranquila a pesar de no recordar nada; f. La chica golpea al hombre con un vaso; g. La muchacha consigue escapar.

27. Primer párrafo: llevaba una falda marrón y blusa clara, su reloj daba las cuatro y cuarto, apareció un hombre bien vestido con traje y corbata.
Último párrafo: le faltaban tres botones a su blusa, su reloj daba las siete y veinticinco, el hombre tenía una herida en un ojo.

29. 1-b; 2-a; 3-c; 4-a.

31. Odio: al retraso en el vuelo y los inconvenientes que conllevan. Soledad: cuando ve pasar a los chicos tan contentos camino del baile. Tristeza y enfado: consigo mismo por sentirse solo. Añoranza de sus seres queridos: al meterse en la cama y no poder dormir. Alegría: cuando desayuna a cargo de la compañía aérea, cuando consigue ser el octavo en conseguir la invitación para cenar, dormir y desayunar al día siguiente, y cuando se da cuenta de que ya no tendrá que acudir a ninguna de sus citas de trabajo. Sorpresa: al ver las fechas en el almanaque y al descubrir, por su hijo, que realmente él murió en un accidente aéreo hace ya años.

32. a-V; b-F; c-V; d-V; e-F; f-V; g-V.

33. b. Raúl siente dejar la reunión en el momento más divertido; e. Le gustaría tener una novia francesa para integrarse mejor en el país.

34. a-M; b-R; c-M; d-R y M; e-R; f-M; g-R; h-R.

35. 1-b; 2-c; 3-a; 4-c.

NOTAS

Estas notas proponen equivalencias o explicaciones que no pretenden agotar el significado de las palabras y expresiones siguientes, sino aclararlas en el contexto de *La muerte y otras sorpresas.*

m.: masculino, *f.:* femenino, *inf.:* infinitivo.

1 **vientre** *m.:* parte interior del cuerpo donde se encuentran los órganos principales de los aparatos digestivo, genital y urinario. En *La noche de los feos*, la parte exterior correspondiente.

2 **hasta:** adverbio usado para añadir algo que se quiere presentar con énfasis, como cosa no esperada, difícil de creer, etc.

3 **esperanza** *f.:* motivo para creer que se puede o se va a conseguir algo que se desea; también, el hecho de creerlo y el sentimiento que produce.

4 **pinchazos** *m.:* acciones de pinchar una parte del cuerpo para sacar un líquido orgánico o introducir un medicamento líquido en el organismo.

5 **propia:** de ellas mismas y no de otra persona.

6 **operación** *f.:* acto médico que consiste en abrir, cortar, etc., una parte del cuerpo para, por ejemplo, quitar una parte enferma.

7 **focos** *m.:* luces.

8 **espionaje** *m.:* acción y efecto de **espiar** *(inf.)*, que consiste en observar o escuchar escondiéndose, para conseguir información secreta y comunicarla a un país extranjero o a alguna parte interesada.

9 **petróleo** *m.:* aceite mineral natural, de color negro, que se encuentra bajo la tierra; se quema fácilmente.

10 **vulgares:** lo contrario de elegantes, educadas, cultas. En otros cuentos, también, corrientes, sin originalidad, poco interesantes.

11 **tipo** *m.:* familiarmente, hombre, con valor más o menos negativo.

12 **sublevación** *f.:* acción colectiva contra el poder político establecido. En la época en que Benedetti escribe este cuento, los revolucionarios que en Uruguay preparaban sublevaciones y practicaban la guerrilla en las ciudades eran los «tupamaros».

13 **carraspera** *f.:* ruido que se hace con la garganta, antes de empezar a hablar, por nerviosidad, por burla, para avisar de algo, etc. Toser así es **carraspear** *(inf.)*.

14 **insistió** (*inf.:* **insistir**): repitió la pregunta; más adelante y en general, **insistir** significa añadir nuevos argumentos, volver a dar una opinión, a preguntar o a pedir algo.

15 **había admirado** (*inf.:* **admirar**): había considerado como de mucho mérito, por ser capaz de hacer cosas importantes o difíciles; había sentido **admiración** *(f.)*.

16 **no tenía vigencia** *f.:* ya no valía, por haber pasado determinada fecha límite.

17 **Consejo** *m.:* en Uruguay y hasta 1966, órgano colectivo ejecutivo que estaba a la cabeza del país. Desde 1967, menos entre 1973 y 1985, la república es dirigida por un presidente único. Los años 1973-1985 corresponden a un período de dictadura militar.

18 **testículos** *m.:* órganos sexuales masculinos en que se forman los espermatozoides.

19 **torturas** *f.:* métodos violentos empleados para provocar dolor en una persona y hacerle decir lo que no quiere decir.

20 **lágrimas** *f.:* líquido que asoma a los ojos y cae por la cara cuando se está llorando.

21 **se desmayó** (*inf.:* **desmayarse**): cayó sin fuerzas y perdiendo la conciencia de sí mismo y del mundo exterior.

22 **Asociación** *f.:* personas que se han agrupado para realizar algo juntas, aquí, defender los intereses de los periodistas y trabajadores del periódico.

23 ***Quand on est mort, c'est tous les jours dimanche*** (en francés en el texto): para el que está muerto, todos los días son domingo.

24 **pensión** *f.:* pequeño hotel de categoría inferior donde las costumbres tienen cierto aspecto familiar.

25 **piel** *f.:* lo que envuelve y protege el cuerpo de los seres humanos y de los animales.

26 **cementerio** *m.:* lugar donde están enterrados los muertos.

27 **tango** *m.:* baile argentino que se baila en pareja. También, música para ese baile y canción que se canta con ella.

[28] **Artigas** (José Gervasio): héroe uruguayo (1764-1850). Luchó por la independencia de Uruguay y fue, en 1815, jefe del primer gobierno nacional del país, que duró unos pocos años, hasta la invasión del país por los portugueses.

[29] **editorial** *m.:* artículo de fondo que se publica siempre en un mismo lugar del periódico y que expresa la opinión de este.

[30] **componerlo** (*inf.:* **componer**): colocar caracteres o letras de manera que estos formen el texto que se quiere imprimir.

[31] **síntoma** *m.:* aquello por lo que se puede ver o adivinar que una persona está enferma y que sirve para saber qué tiene. En *Cinco años de vida*, aquello que indica que una cosa está sucediendo o va a suceder.

[32] **peso** *m.:* unidad monetaria de Uruguay.

[33] **lápidas** *f.:* piedras grandes y planas, colocadas sobre el lugar donde están enterrados los muertos y que llevan unas palabras en memoria de estos.

[34] **cortejo** *m.:* grupo de personas que acompañan al muerto al **cementerio** (ver nota 26) para su entierro.

[35] **mayúsculas** *f.:* letras más grandes y, en general, de distinta figura que las letras que sirven para escribir el conjunto del texto (minúsculas). Se usan, entre otros casos, al principio de los nombres propios y después de un punto final.

[36] **prodigio** *m.:* persona extraordinaria, que se sale de lo normal y es admirada por hacer algo que es o parece imposible, es decir, algo **prodigioso** o maravilloso.

[37] **orgulloso:** lleno de **orgullo** *(m.)*, que es el sentimiento de la persona que está contenta consigo misma, por algo propio y que considera digno de **admiración** (ver nota 15).

[38] **expresión** *f.:* **gesto** (ver nota 39) o aspecto de la cara de una persona, que indica un sentimiento.

[39] **gesto** *m.:* movimiento de la cara o de las manos que, en general, expresa algo.

[40] **amnesia lagunar** *f.:* pérdida parcial de la memoria. La **laguna** *(f.)* es aquello que no se recuerda.

[41] ***Marcha:*** famosa revista semanal uruguaya. Benedetti empezó a escribir para ella en 1945 y en 1954 pasó a ser director literario de la misma. La revista desapareció en 1974.

42 **Partido Nacional:** uno de los dos grandes partidos tradicionales de Uruguay, también llamado «Partido Blanco». El otro es el Partido Colorado, más reformista.

43 **acaso:** quizá, tal vez, a lo mejor.

44 **irreparable:** sin solución.

45 **vuelo** *m.:* viaje en avión.

46 ***Martín Fierro:*** poema argentino, escrito por José Hernández (1834-1886). Está dividido en *El gaucho Martín Fierro* (1872) y *La vuelta de Martín Fierro* (1879). Esta narración en verso pinta un cuadro de la vida de La Pampa y del carácter del gaucho. Se considera «la obra nacional argentina».

47 **peronista:** relacionado con Perón. Juan Domingo Perón (1895-1974) fue un militar y político argentino que ocupó la presidencia de la República entre 1946 y 1955. Introdujo numerosas reformas laborales pero implantó un régimen dictatorial que reprimió toda posibilidad de oposición. Sometió la prensa a censura y cerró todos los periódicos independientes. En 1954, inició una campaña contra la Iglesia católica. En 1955, una sublevación militar le obligó a dimitir y a salir del país. Pudo volver a Argentina en 1973, año en que ganó de nuevo las elecciones presidenciales.

48 **almanaque** *m.:* calendario en que se recogen todos los días del año, con una hoja para cada día.

49 **guerra civil** *f.:* guerra interior que sufrió España durante los años 1936 a 1939 y que dividió a los españoles entre partidarios de la República (gobierno establecido) y partidarios del fascismo (sublevados). Ganaron la guerra estos últimos, con el general Franco a la cabeza.

50 **Cenicienta:** protagonista de un famoso cuento de Perrault, que consiguió por artes mágicas los medios para asistir a un baile en palacio con una sola condición: volver a su casa antes de las doce de la noche.

51 **tuteo** *m.:* uso de «tú», que significa confianza (ver «El español de América», páginas 4 y 5).

52 **destino** *m.:* lo que tiene que ocurrir a una persona, lo que no busca o quiere conscientemente, pero que de alguna manera está decidido para ella por una fuerza superior.

53 **reproducción** *f.:* resultado de copiar, imitar, fotografiar, etc., un cuadro.

GLOSARIO DE AMERICANISMOS

Las palabras incluidas en este glosario van señaladas en el texto con un asterisco (*).

Las palabras **en negrita** son propias del español de América o tienen en América una acepción diferente de la que tienen en España. Son **los americanismos** propiamente hablando.

Las palabras en letra redonda no son verdaderos americanismos pero se usan en España con menor frecuencia que en América.

m.: masculino, *f.:* femenino.

anteojos *m.:* gafas.

apartamento *m.:* apartamento (piso pequeño), y también, piso o estudio.

apuro *m.:* prisa.

apurarse: darse prisa.

auto *m.:* coche.

caminar: andar.

cédula de identidad *f.:* nombre oficial por Documento Nacional de Identidad. Es el documento oficial que indica el nombre, los apellidos, la dirección, la nacionalidad y otras informaciones que permiten a una persona identificarse.

chau: adiós, en lengua coloquial.

che: forma de llamar a una segunda persona a la que se habla de «vos» (ver «El español de América», páginas 4 y 5).

conversar: charlar.

cuadra *f.:* manzana de casas, parte de una calle entre esquina y esquina.

diario *m.:* periódico.

embromar: molestar, gastar bromas.

esposo *m.:* marido.

esposa *f.:* mujer (opuesta a marido).

grabador *m.:* grabadora *(f.)*, es decir, aparato que sirve para grabar y conservar ruidos o voces y reproducirlos después.

lindo: bonito.

linotipo *m.:* linotipia *(f.)*, es decir, máquina para componer (ver nota 30).

mate *m.:* pequeño recipiente que sirve para preparar y servir infusiones de la planta (**yerba** *f.*) del mismo nombre. Lo que Benedetti llama **yerba** son en realidad hojas secas de un árbol que se cultiva en América del Sur.

mozo *m.:* camarero.

ómnibus *m.:* autobús.

parlante *m.:* altavoz; es decir, aparato que sirve para elevar la intensidad del sonido.

picana eléctrica *f.:* cilindro alargado, cargado de electricidad, que se utiliza como instrumento de tortura –para obligar a una persona a decir lo que no quiere–, aplicándose en las partes más delicadas del cuerpo (especialmente en los órganos genitales). También, nombre de la tortura realizada con este instrumento.

plata *f.:* dinero.

saco *m.:* chaqueta.

subterráneo *m.:* metro.

tener gente: tener visita.

ufa: interjección que expresa molestia.

valija *f.:* maleta.

vereda *f.:* acera.

viejo: tratamiento familiar para el padre o el amigo, que no tiene nada de despectivo.

ÍNDICE